**Deutscher Sprachkurs 1**
# Biberswald

## Deutscher Sprachkurs
by David Shotter

*A comprehensive German course in four parts*

1: Biberswald
   Pupil's Book
   Set of four 5″ tapes/cassettes, with
   printed text of dialogues and drills
   Set of overhead-projector materials
   Teacher's Book

2: Unterwegs
   Pupil's Book
   Set of four 5″ tapes/cassettes, with
   printed text of dialogues and drills
   Set of overhead-projector materials
   Teacher's Book

3: Angekommen
   Pupil's Book
   Set of two 5″ tapes/cassettes, with
   printed text of dialogues and drills
   Set of overhead-projector materials

4: Panorama (*with Harmut Ahrens*)
   Pupil's Book
   Set of three 5″ tapes/cassettes
   Teacher's Book

# Biberswald

DEUTSCHER SPRACHKURS 1

by **David Shotter**
Head of the Faculty of Modern Languages
Furze Platt Comprehensive School, Maidenhead

illustrated by **Gabrielle Morton**

Heinemann Educational Books · London

Heinemann Educational Books Ltd
22 Bedford Square, London WC1B 3HH
LONDON EDINBURGH MELBOURNE AUCKLAND
HONG KONG SINGAPORE KUALA LUMPUR NEW DELHI
IBADAN NAIROBI JOHANNESBURG EXETER (NH)
KINGSTON PORT OF SPAIN

ISBN 0 435 38835 5

© David Shotter 1973
First published 1973
Reprinted with minor revisions 1974
Reprinted 1975, 1976, 1977, 1978, 1979, 1981

Filmset and printed in Great Britain by
BAS Printers Limited, Over Wallop, Hampshire

# Contents

## Grundstufe
|  |  | Seite |
|---|---|---|
| G1 | Im Klassenzimmer. Was ist das? (ein/eine) | 1 |
| G2 | Was ist das? (ein/eine) | 4 |
| G3 | Die Farben | 6 |
| G4 | Die Zahlen (I) | 8 |
| G5 | Was ist das? (Mehrzahlen) | 9 |
| G6 | Wo? (auf/in) | 10 |
| G7 | Die Zahlen (II) | 12 |
| G8 | Kein/keine. | 13 |

## Biberswald

| **Lektion** |  | Seite |
|---|---|---|
| 1. | Die Familie Fiedler | 14 |
| 2. | Kleider | 16 |
| 3. | Verwandtschaften | 20 |
| 4. | Was hast du, trägst du und siehst du in der Schule und zu Hause? | 21 |
| 5. | Städte und Länder | 22 |
| 6. | Haus und Hotel | 24 |
| 7. | Pläne | 27 |
| 8. | Was macht Frau Fiedler in den verschiedenen Zimmern ihrer Wohnung? | 31 |
| 9. | Wie ist die Wohnung der Familie Fiedler möbliert? | 34 |
| 10. | Das Hotel „Bayrisches Tal" | 39 |
| 11. | In der Eingangshalle | 41 |
| 12. | Das Gesicht | 46 |
| 13. | Tage, Monate und Jahreszeiten | 47 |
| 14. | Wie alt sind die Fiedlers und wann sind sie geboren? | 49 |
| 15. | Wozu geht Frau Fiedler in die verschiedenen Zimmer ihrer Wohnung? | 50 |
| 16. | Wieviel Uhr ist es? (I) | 52 |
| 17. | Willi Schmidt | 54 |
| 18. | Vergleiche | 57 |
| 19. | Herr Fiedler und Paul | 59 |
| 20. | Wieviel Uhr ist es? (II) | 62 |
| 21. | Wann und warum? | 64 |
| 22. | Was spielt man? | 66 |
| 23. | Frau Fiedler, Maria und Renate | 70 |
| 24. | Vor dem Frühstück | 72 |
| 25. | Im Badezimmer und im Schlafzimmer | 75 |
| 26. | Fahrzeuge | 78 |
| 27. | Maria fährt zur Schule | 82 |
| 28. | Marias Stundenplan | 83 |

| | |
|---|---|
| 29. In der Küche | 86 |
| 30. Das Personal (I) | 89 |
| 31. Karl ist krank | 94 |
| 32. Wie ist das Wetter in Biberswald? | 96 |
| 33. Das Personal (II) | 98 |
| 34. Im Hotel | 102 |
| 35. Am Dorfplatz | 104 |
| 36. Berufe | 107 |
| 37. Morgen ist Willis letzter Tag in Biberswald | 110 |
| 38. Geld, Maße und Gewichte | 112 |
| 39. Beim Gemüsehändler und beim Lebensmittelhändler | 115 |
| 40. Gisela kauft ein. (Dialog) | 118 |
| 41. Was machte Frau Fiedler gestern? | 121 |
| 42. Andrew fährt nach Deutschland | 123 |
| 43. Am nächsten Morgen | 124 |
| 44. Andrew und Paul. (Dialog) | 125 |
| 45. Auf der Terrasse | 127 |
| 46. Im Eßsaal | 129 |
| 47. Frau Fiedler beaufsichtigt das Personal | 133 |
| 48. Frau Fiedlers Bericht | 136 |
| 49. Der Kinobesuch | 138 |
| 50. Wiederholung: Jeden Tag, morgen und gestern | 141 |
| 51. In der Eingangshalle (Dialog) | 144 |
| 52. Ein Spaziergang im Dorf | 146 |
| 53. Ein Tag im Freien | 148 |
| 54. Ein Ausflug in die Umgebung | 152 |

# Index to Grammatical Summary 155
# Grammatical Summary 157
# Vocabulary 172

# Preface

*Biberswald* is the first part of a three-year German course to O Level or CSE. For those taking a short course *Biberswald* covers most of the material needed for CSE.

The main aim of the course is to build up gradually the basic structures of German within an everyday vocabulary to enable the learner to handle the language confidently both in speech and writing.

In this first book (and on the tape), you will learn about the Bavarian village of Biberswald, its principal hotel 'Bayrisches Tal', the Fiedler family, and their friends. Through the visit of a British boy to Biberswald you should have many opportunities to compare life in Germany with that of your own district.

*Biberswald* consists of:

(a) this textbook containing an initial teaching section (the Grundstufe); 54 chapters, some in dialogue form; and a detailed reference section including grammatical summaries, word lists, and an alphabetical vocabulary.

(b) a set of four 5″ tapes. Three of these contain exercises based on the material covered in the book and the fourth has dialogues, dramatizing Andrew's stay in Biberswald. This accustoms the learner to the sort of language situations likely to be encountered by a traveller in Germany.

(c) a set of overhead-projector materials consisting of bases with four overlays and vocabulary strips. These present in colour key situations from the book, and offer more scope for working with the material.

(d) a teachers' book which sets out the detailed aims of the course and suggests many ways of presenting and integrating the various types of material.

Teachers are referred to the accompanying Teachers' Book for a more detailed introduction to the course.

I should like to acknowledge my indebtedness above all to Rosemary my wife and also to my friends Hartmut Ahrens, Udo Tolle and Karlheinz Flessa who kindly read through different parts of the text and offered many helpful suggestions.

D. F. S.

# Grundstufe 1
## Im Klassenzimmer. Was ist das? (ein/eine)

**A.**

**Was ist das?**
(a) Das ist ein Schrank.
(b) Das ist ein Tisch.
(c) Das ist ein Stuhl.
(d) Das ist ein Füller.
(e) Das ist ein Bleistift.
(f) Das ist ein Kuli.

**Wortschatz**

der Schrank (⸚e)
der Tisch (–e)
der Stuhl (⸚e)
der Füller (–)
der Bleistift (–e)
der Kuli (–s)

**B.**

Was ist das?  Wortschatz

(a) Das ist ein Fenster.  das Fenster (–)
(b) Das ist ein Pult.  das Pult (–e)
(c) Das ist ein Heft.  das Heft (–e)
(d) Das ist ein Lineal.  das Lineal (–e)
(e) Das ist ein Buch.  das Buch (−er)
(f) Das ist ein Stück Kreide.  das Stück

**C.**

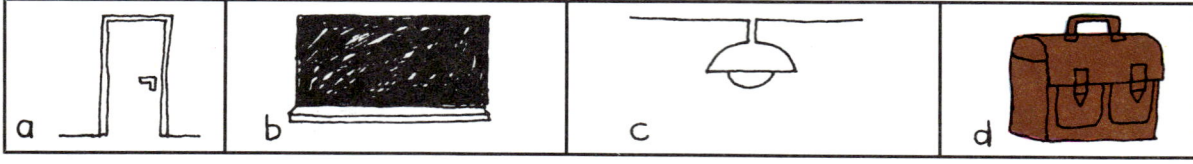

Was ist das?  Wortschatz

(a) Das ist eine Tür.  die Tür (–en)
(b) Das ist eine Tafel.  die Tafel (–n)   nein
(c) Das ist eine Lampe.  die Lampe (–n)   ja
(d) Das ist eine Mappe.  die Mappe (–n)

**Aufgabe**

*Beispiel:*
Ist das eine Lampe?
Nein, das ist eine Mappe.

(a) Ist das ein Tisch?   (f) Ist das ein Fenster?
(b) Ist das ein Buch?    (g) Ist das eine Tür?
(c) Ist das eine Mappe?  (h) Ist das ein Schrank?
(d) Ist das ein Lineal?  (i) Ist das ein Pult?
(e) Ist das ein Stuhl?   (j) Ist das ein Bleistift?

# D. Merke!
(i)

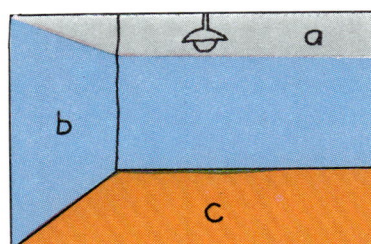

Das ist ein Zimmer.

(a) Das ist die Decke.
(b) Das ist die Wand.
(c) Das ist der Fußboden.

**Wortschatz**  die Decke (–n)   das Zimmer (–)
der Fußboden (⸚)  die Wand (⸚e)

(ii)

(a) Das ist ein Lehrer.
(b) Das ist ein Schüler.

(c) Das ist eine Lehrerin.
(d) Das ist eine Schülerin.

**Wortschatz**
der Lehrer (–)   die Lehrerin (–nen)
der Schüler (–)   die Schülerin (–nen)

# Grundstufe 2
## Was ist das? (ein/eine)

**A.**

   Das ist ein Fernsehapparat.

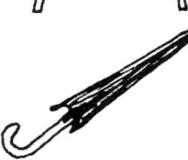   Das ist ein Regenschirm.

   Das ist ein Wagen.

Das ist ein Hund.

**Wortschatz**
der Fernsehapparat (–e)
der Regenschirm (–e)
der Wagen (–)
der Hund (–e)

**B.**

   Das ist eine Flasche.

   Das ist eine Pfeife.

   Das ist eine Vase.

   Das ist eine Blume.

 Das ist eine Katze.

**Wortschatz**
die Flasche (–n)
die Pfeife (–n)
die Vase (–n)
die Blume (–n)
die Katze (–n)

**C.**  Das ist ein Bett.

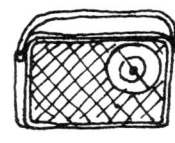 Das ist ein Radio.

 Das ist ein Feuerzeug.

**Wortschatz**
das Bett (–en)
das Radio (–s)
das Feuerzeug (–e)

# Aufgabe

Was ist das a–l?

# Grundstufe 3
## Die Farben

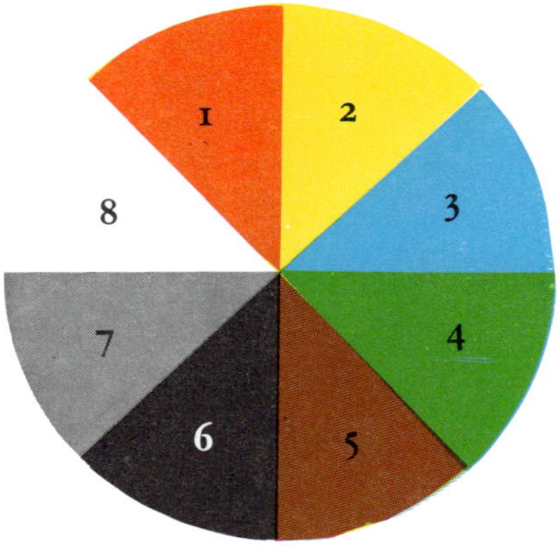

1 – rot
2 – gelb
3 – blau
4 – grün
5 – braun
6 – schwarz
7 – grau
8 – weiß

**Wortschatz**
die Farbe (–n)

**A.**

Das ist ein Regenschirm.
Er ist schwarz.

Das ist ein Wagen.
Er ist grün.

Das ist ein Fernsehapparat.
Er ist weiß.

Der Regenschirm ist schwarz, der Wagen ist grün, und der Fernsehapparat ist weiß.

**B.**

Das ist ein Radio.
Es ist braun.

Das ist ein Bett.
Es ist blau.

Das ist ein Feuerzeug.
Es ist schwarz.

Das Radio ist braun, das Bett ist blau, und das Feuerzeug ist schwarz.

C.

Das ist eine Katze.
Sie ist grau.

Das ist eine Blume.
Sie ist rot.

Das ist eine Vase.
Sie ist gelb.

Die Katze ist grau, die Blume ist rot, und die Vase ist gelb.

**Fragen**

I   1. Welche Farbe hat der Regenschirm? (Er ist...)
    2. Welche Farbe hat die Blume?
    3. Welche Farben hat der Stuhl?
    4. Welche Farbe hat das Bett?
    5. Welche Farbe hat die Vase?
    6. Welche Farbe hat das Feuerzeug?
    7. Welche Farbe hat die Flasche?
    8. Welche Farbe hat der Fernsehapparat?
    9. Welche Farbe hat der Wagen?
   10. Welche Farbe hat das Radio?

   1. Ist der Fernsehapparat gelb und der Wagen weiß?
   2. Ist das Radio braun und die Vase grau?
   3. Sind das Feuerzeug und der Regenschirm schwarz?
   4. Sind die Blume und das Bett gelb?
   5. Sind die Flasche und der Stuhl braun?

III 1. Was ist rot? – (Der Regenschirm.)
    2. Was ist blau?
    3. Was ist grün?
    4. Was ist braun und schwarz?
    5. Was ist nur braun?
    6. Was ist schwarz?
    7. Was ist weiß?
    8. Was ist gelb?

# Grundstufe 4
## Die Zahlen (I)

**A.** null (0)  eins (1)  zwei (2)  drei (3)  vier (4)  fünf (5)
sechs (6)  sieben (7)  acht (8)  neun (9)  zehn (10)
elf (11)  zwölf (12)

**B.** Drei und vier sind sieben.
Fünf und zwei sind sieben.

Drei mal vier sind zwölf.
Fünf mal zwei sind zehn.

### Wortschatz
die Zahl (–en)

und (plus) (+)
mal (×)
weniger (minus) (−)
durch (÷)

**Fragen**

I
1. Was sind eins und zwei?
2. Was sind zehn und zwei?
3. Was sind drei mal zwei?
4. Was sind acht und drei?
5. Was sind vier und fünf?
6. Was sind acht durch zwei?
7. Was sind zwölf durch vier?
8. Was sind acht weniger eins?
9. Was sind sechs weniger sechs?
10. Was sind elf und eins?

II  Write out the following in words:
(a) $1 + 5 = 6$
(b) $7 - 3 = 4$
(c) $2 + 9 = 11$
(d) $12 \div 2 = 6$
(e) $3 \times 3 = 9$
(f) $9 \div 3 = 3$
(g) $4 \times 2 = 8$
(h) $10 - 1 = 9$

# Grundstufe 5

## Was ist das? (Mehrzahlen)

Was ist das?
Das sind zwei Stühle.

Wie sind sie?
Sie sind schwarz.

Das sind zwei Bücher.
Sie sind gelb.

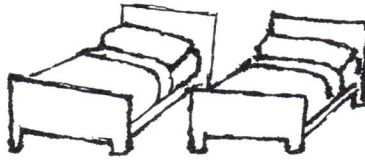
Das sind zwei Betten.
Sie sind weiß.

Das sind zwei Katzen.
Sie sind grau.

**Fragen**

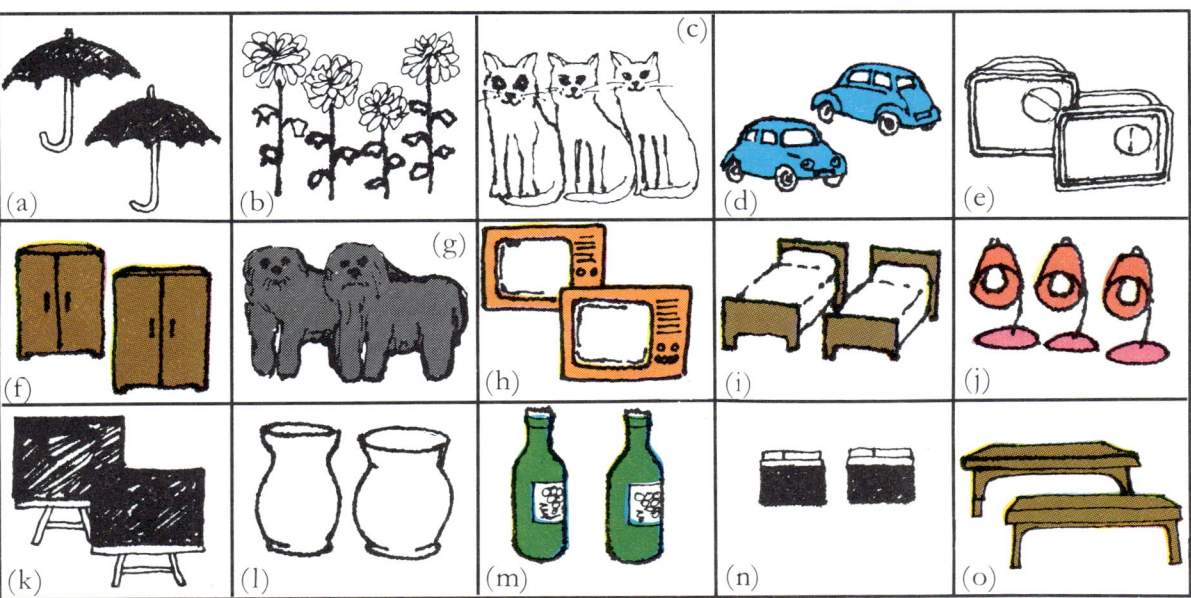

**A.** a–o  Was ist das und wie sind sie?

# Grundstufe 6
## Wo? (auf/in)

**A.**

Die Flasche ist auf dem Tisch.

Die Vase ist auf dem Fernsehapparat.

Die Katze ist auf dem Wagen.

Die Pfeife ist auf dem Radio.

Das Feuerzeug ist auf dem Buch.

Der Hund ist auf dem Bett.

**Fragen**

I  1. Was ist auf dem Bett?
   2. Was ist auf dem Buch?
   3. Was ist auf dem Wagen?
   4. Was ist auf dem Fernsehapparat?
   5. Was ist auf dem Radio?
   6. Was ist auf dem Tisch?

II 1. Wo ist die Flasche?
   2. Wo ist das Feuerzeug?
   3. Wo ist der Hund?
   4. Wo ist die Katze?
   5. Wo ist die Vase?
   6. Wo ist die Pfeife?

III 1. Ist das Feuerzeug auf dem Radio? (Nein, es ist auf dem Buch.)
    2. Ist die Pfeife auf dem Buch?
    3. Ist der Hund auf dem Wagen?
    4. Ist die Flasche auf dem Fernsehapparat?
    5. Ist die Vase auf dem Tisch?
    6. Ist die Katze auf dem Bett?

**B.**  Das ist eine Tasse.

 Das ist eine Untertasse.

 Das ist eine Zeitung.

 Das ist eine Hand.

### Wortschatz
die Tasse (–n)
die Untertasse (–n)
die Zeitung (–en)
die Hand (¨e)
die Tasche (–n)

**C.**  Die Tasse ist auf der Untertasse.

 Die Flasche ist auf der Zeitung.

 Die Blume ist in der Vase.

 Die Pfeife ist in der Hand.

### Zum Auswendiglernen
in der linken Hand     in der linken Tasche
in der rechten Hand     in der rechten Tasche

### Fragen

I   1. Was ist auf der Untertasse?
    2. Was ist auf der Zeitung?
    3. Was ist in der Hand?
    4. Was ist in der Vase?

II   1. Wo ist die Pfeife?
    2. Wo ist die Flasche?
    3. Wo ist die Tasse?
    4. Wo ist die Blume?

III   1. Ist die Pfeife auf der Zeitung?
    2. Ist die Blume auf der Vase?
    3. Ist die Untertasse auf der Tasse?
    4. Ist die Flasche in der Hand?

# Grundstufe 7

## Die Zahlen (II)

dreizehn (13)   vierzehn (14)   fünfzehn (15)   sechzehn (16)
siebzehn (17)   achtzehn (18)   neunzehn (19)   zwanzig (20)

einundzwanzig (21)
zweiundzwanzig (22)
dreiundzwanzig (23)
vierundzwanzig (24) usw.

dreißig (30)   vierzig (40)   fünfzig (50)   sechzig (60)
siebzig (70)   achtzig (80)   neunzig (90)   hundert (100)
   hunderteins (101)
   hundertzwanzig (120)
   hunderteinundzwanzig (121)
zweihundert, dreihundert usw. ... tausend (1000)

**Aufgabe**

Write out the following in full and then answer:
(a) $3 + 13 =$      (g) $77 - 32 =$
(b) $6 + 17 =$      (h) $50 + 15 =$
(c) $30 + 9 =$      (i) $100 + 2 =$
(d) $66 + 1 =$      (j) $81 + 7 =$
(e) $93 - 2 =$      (k) $41 - 8 =$
(f) $200 \times 5 =$      (l) $333 \div 3 =$

# Grundstufe 8

## Kein/keine

Das ist ein Radio, nicht wahr?
Nein, das ist kein Radio! Das ist ein Fernsehapparat.

Das ist eine Zeitung, nicht wahr?
Nein, das ist keine Zeitung! Das ist ein Buch.

Das ist ein Tisch, nicht wahr?
Nein, das ist kein Tisch! Das ist ein Schrank.

**Wortschatz**

kein/keine
nicht wahr

**Fragen**

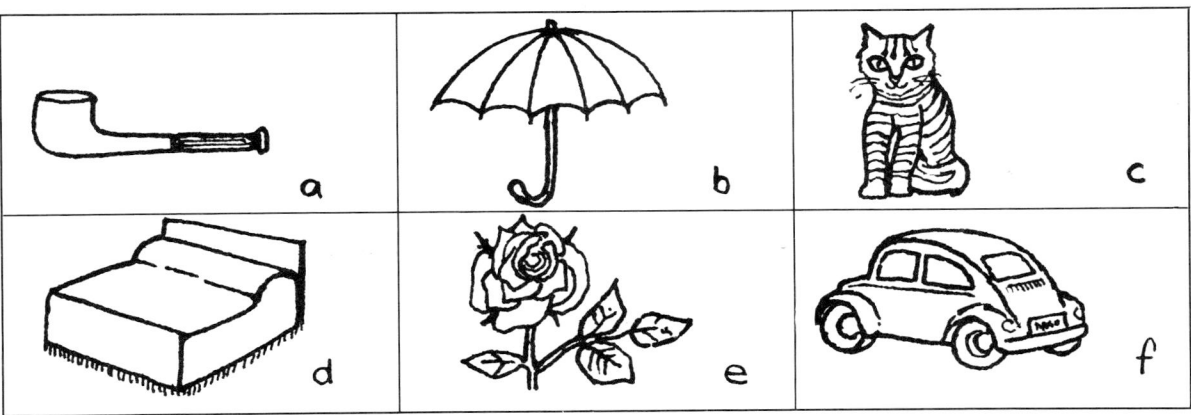

(a) Das ist ein Feuerzeug, nicht wahr?
(b) Das ist eine Tafel, nicht wahr?
(c) Das ist ein Hund, nicht wahr?
(d) Das ist ein Pult, nicht wahr?
(e) Das ist eine Vase, nicht wahr?
(f) Das ist ein Heft, nicht wahr?

# Lektion 1
# Die Familie Fiedler

**A.**
  Hier ist die Familie Fiedler:

a  b  c  d  e  f

(a) Das ist Herr Fiedler.
(b) Das ist Frau Fiedler.
(c) Das ist Paul.
(d) Das ist Renate.
(e) Das ist Maria.
(f) Das ist Greif.

**B.**
Herr Fiedler ist der Vater, und Frau Fiedler ist die Mutter. Sie sind die Eltern. Herr Fiedler heißt Walther mit Vornamen, und Frau Fiedler heißt Helga. Paul ist der Sohn, und Renate und Maria sind die Töchter. Sie sind die Kinder. Greif ist der Hund.

## Wortschatz

der Vater (⁻)            die Familie (–n)         das Kind (–er)
der Sohn (⁻e)            die Mutter (⁻)
                         die Tochter (⁻)

die Eltern (pl)
heißen (heißt)

## Merke!

Er heißt Walther *mit Vornamen* und Fiedler *mit Nachnamen.*

## Fragen

I  Beginne jede Antwort mit „er, sie, es" usw...

1. Wer ist Herr Fiedler? (Er ist...)
2. Wer ist Frau Fiedler?
3. Wer sind Renate und Maria?
4. Wer ist Paul?
5. Wie heißt der Vater?
6. Wie heißt die Mutter?
7. Wie heißt der Sohn?
8. Wie heißen die Töchter?
9. Was ist Greif?
10. Wer ist der Vater?

II  1. Ist Herr Fiedler der Sohn?
2. Ist Paul der Vater?
3. Ist Renate die Mutter?
4. Sind Helga, Renate und Maria die Töchter?
5. Heißt der Vater Paul mit Vornamen und Schmidt mit Nachnamen?
6. Wie heißt die Mutter
   (a) mit Vornamen?
   (b) mit Nachnamen?

# Lektion 2
# Kleider

Das ist Herr Fiedler.

Das ist seine Jacke.
Sie ist grün.
(Das ist eine grüne Jacke.)

Das ist seine Hose.
Sie ist grau.
(Das ist eine graue Hose.)

Das ist sein Hemd.
Es ist kariert.
(Das ist ein kariertes Hemd.)

Das ist sein Schlips.
Er ist grün.
(Das ist ein grüner Schlips.)

Das ist sein Hut.
Er ist grün.
(Das ist ein grüner Hut.)

Das sind seine Socken.
Sie sind hellgrau.
(Das sind hellgraue Socken.)

Das sind seine Schuhe.
Sie sind dunkelgrau.
(Das sind dunkelgraue Schuhe.)

### Wortschatz

| der Schlips (–e) | die Jacke (–n) | das Hemd (–en) |
| der Schuh (–e) | die Hose (–n) | |
| der Hut (⸚e) | die Socke (–n) | |

Das ist Maria.

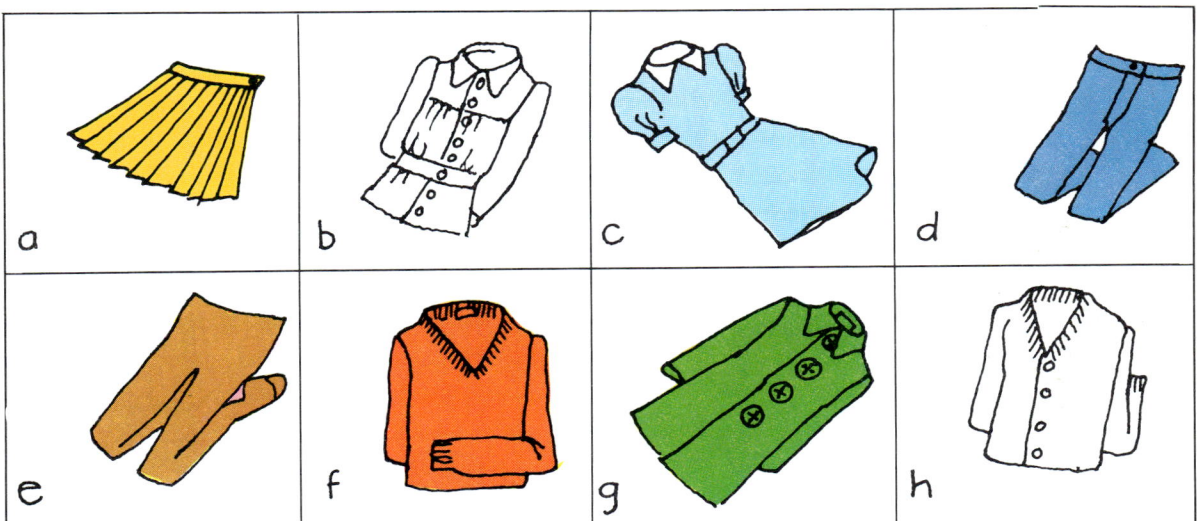

**Was ist das?**

(a) Das ist ihr Rock
(b) Das ist ihre Bluse
(c) Das ist ihr Kleid
(d) Das sind ihre Blue-Jeans
(e) Das ist ihre Strumpfhose
(f) Das ist ihr Pullover
(g) Das ist ihr Mantel
(h) Das ist ihre Wolljacke

### Wortschatz

| der Rock (⸚e) | die Bluse (–n) | das Kleid (–er) |
| der Mantel (⸚) | die Wolljacke (–n) | |
| der Pullover (–) | die Strumpfhose (–n) | |

die Blue-Jeans (pl)

**Merke!**
mein/meine
dein/deine
Ihr/Ihre
sein/seine
ihr/ihre

## Fragen

I  Answer the questions that apply to you:
1. Welche Farbe hat deine Jacke? – Sie ist schwarz.
2. Welche Farbe hat dein Rock?
3. Welche Farbe hat dein Schlips?
4. Welche Farbe hat dein Hemd?
5. Welche Farbe hat deine Bluse?
6. Welche Farbe hat dein Pullover?
7. Welche Farbe hat deine Hose?
8. Welche Farbe hat dein Kleid?
9. Welche Farbe hat deine Wolljacke?
10. Welche Farbe hat dein Mantel?
11. Welche Farbe haben deine Schuhe?
12. Welche Farbe hat deine Strumpfhose?
13. Welche Farbe haben deine Socken?
14. Welche Farbe haben deine Blue-jeans?

II

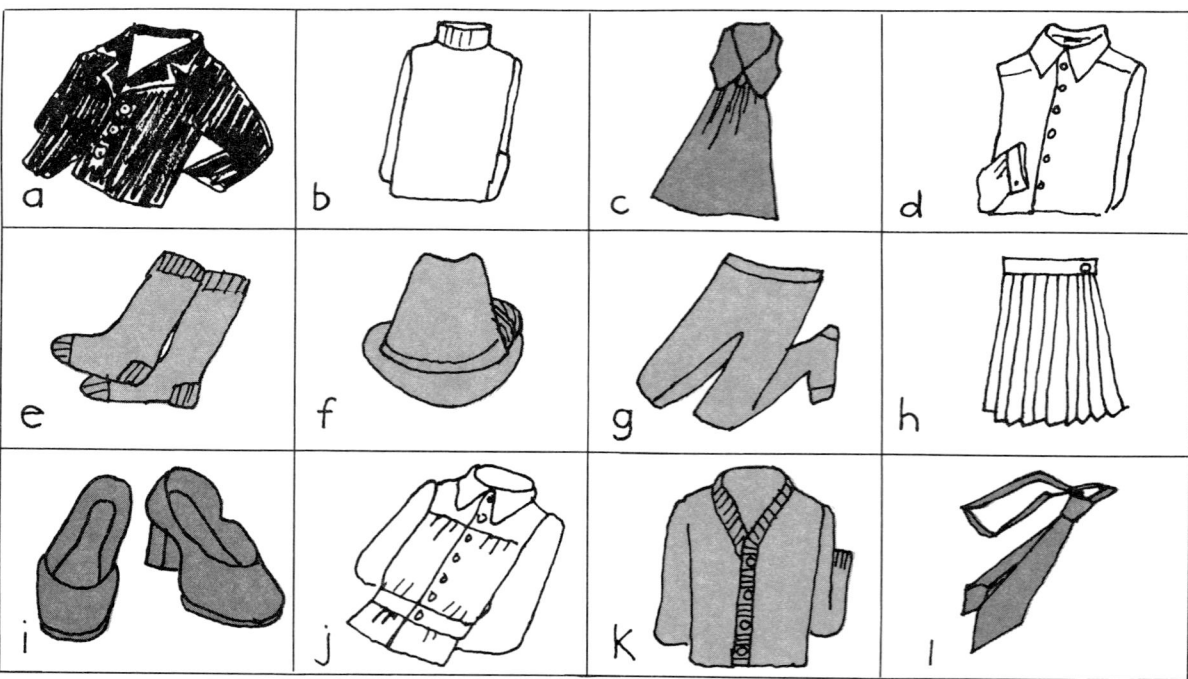

## Aufgaben

(a) Was für eine Jacke ist das? – Eine schwarze.
(b) Was für ein Pullover ist das?
(c) Was für ein Kleid ist das?
(d) Was für ein Hemd ist das?
(e) Was für Socken sind das?
(f) Was für ein Hut ist das?
(g) Was für eine Strumpfhose ist das?
(h) Was für ein Rock ist das?
(i) Was für Schuhe sind das?
(j) Was für eine Bluse ist das?
(k) Was für eine Wolljacke ist das?
(l) Was für ein Schlips ist das?

1. (a) Draw and label the articles of clothing you are wearing.
    e.g.
       Das ist meine Jacke, etc…
    or Das ist mein Rock, etc…

   (b) Name the clothes you are wearing and say something about each item.
    e.g.
       Das ist meine Jacke.
       Sie ist schwarz.
       Das ist eine schwarze Jacke, etc…

2. (a) Draw a picture of your mother, sister or friend (Freundin).
       Name her and label her clothes.
    e.g.
       Das ist meine Mutter.
       Das ist ihre Bluse, etc…

   (b) Draw a picture of your father, brother or friend (Freund).
       Name him and label his clothes.
    e.g.
       Das ist mein Vater.
       Das ist sein Hemd, etc…

## Wortschatz

der Freund (–e)    die Freundin (–nen)

## Gegenteile

**groß** ist das Gegenteil von **klein**.
**neu** ist das Gegenteil von **alt**.
**schmutzig** ist das Gegenteil von **sauber**.
**schön** ist das Gegenteil von **häßlich**.

## Wortschatz

das Gegenteil (–e)

## Aufgabe

You should by now be able to name many of the things in your classroom. Make a list of *twelve* of them using the following pattern:
Das ist ein Pult.
Es ist alt und braun.
Das ist ein altes, braunes Pult.
(You can use colours and/or the following in your examples:
groß/klein      schön/häßlich
alt/neu         sauber/schmutzig)

# Lektion 3
# Verwandtschaften

Jetzt kennen wir die Fiedlers. Wie sind sie miteinander verwandt?

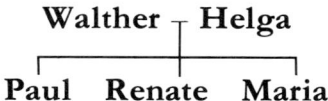

Walther ist Helgas Mann.
Helga ist Walthers Frau.
Paul ist Helgas Sohn.

Renate ist Walthers Tochter.
Maria ist Pauls Schwester.
Paul ist Renates Bruder. usw. usw.

### Wortschatz

| der Mann (¨er) | die Frau (–en) | die Geschwister (pl) |
| der Bruder (¨) | die Schwester (–n) | verwandt |

## Fragen

I
1. Wessen Mann ist Walther? – Helgas.
2. Wessen Schwester ist Renate?
3. Wessen Vater ist Walther?
4. Wessen Frau ist Helga?
5. Wessen Sohn ist Paul?
6. Wessen Bruder ist Paul?

II
1. Ist Walther Helgas Sohn oder ist er ihr Mann?
2. Ist Paul Helgas Vater oder ist er ihr Sohn?
3. Ist Paul Renates Vater oder ist er ihr Bruder?
4. Ist Renate Helgas Schwester oder ist sie ihre Tochter?
5. Ist Walther Pauls Bruder oder ist er sein Vater?
6. Ist Renate Pauls Mutter oder ist sie seine Schwester?

III
*Beipiele:*
Wie ist Helga mit Walther verwandt? – Sie ist seine Frau.
Wie ist Walther mit Helga verwandt? – Er ist ihr Mann.

1. Wie ist Paul mit Walther verwandt?
2. Wie ist Walther mit Paul verwandt?
3. Wie ist Helga mit Renate verwandt?
4. Wie ist Maria mit Helga verwandt?
5. Ist Paul Marias Vater?
6. Ist Renate Pauls Schwester?
7. Ist Helga Pauls Schwester?
8. Ist Walther Marias Sohn?

IV Answer the questions that apply to you:
1. Wie bist du mit deinem Vater verwandt?
   – Ich bin sein Sohn/seine Tochter.
2. Wie bist du mit deiner Mutter verwandt?
3. Wie bist du mit deinem Bruder verwandt?
4. Wie bist du mit deiner Schwester verwandt?
5. Wie heißt du?

## Aufgabe

Be ready to draw the Fiedler family tree on the blackboard and say in turn how each member of the family is related to the others.
   e.g. (From Renate's point of view):
Das ist Renate.
Herr Fiedler ist ihr Vater.
Frau Fiedler ist ihre Mutter.
Maria ist ihre Schwester.
Paul ist ihr Bruder.
Similarly from the points of view of Herr Fiedler, Paul, Frau Fiedler and Maria.

# Lektion 4

## Was hast du, trägst du und siehst du in der Schule und zu Hause?

### A.

(a) Maria hat einen Vater, eine Mutter, einen Bruder und eine Schwester.

(b) In der Schule trägt Maria gewöhnlich einen Pullover, eine Bluse, einen Rock, eine Strumpfhose und Schuhe.

(c) Paul, ihr Bruder, trägt gewöhnlich eine Jacke, ein Hemd, einen Schlips, einen Pullover, eine Hose, Socken und Schuhe.

(d) In ihrem Pult, in der Schule, hat Maria einige Hefte und Bücher. Sie hat auch ein Lineal, einen Kuli und einen Bleistift.

(e) In ihrem Klassenzimmer in der Schule sieht Maria viele Pulte, viele Stühle, einige Bilder, einige Fenster, eine Tür, eine Tafel, einen Tisch und einen Schrank.

### Wortschatz

die Schule (–n)  viele  sehen (sieht)
einige  tragen (trägt)
haben (hat)

### Aufgaben

I  What relatives do you know the following have:
(a) Herr Fiedler  (c) Renate
(b) Frau Fiedler  (d) Du?

II  Was siehst du in deinem Klassenzimmer? (In meinem Klassenzimmer sehe ich...)

III  Make a list of at least *twenty* things that you have either at school or at home or both.

Start your answers with:
In der Schule habe ich...
Zu Hause habe ich...

### B.

In der Schule trägt Susan gewöhnlich einen grünen Rock, einen grünen und gelben Schlips, eine weiße Bluse, eine grüne Wolljacke, eine Strumpfhose und schwarze Schuhe.

In der Schule trägt Andrew gewöhnlich eine schwarze Jacke, ein weißes Hemd, einen blauen und weißen Schlips, eine graue Hose, graue Socken und schwarze Schuhe.

### Aufgaben

Repeat exercises II and III in section A but this time describe each item using colours and the following in your answers:
groß/klein
alt/neu
schön/häßlich
sauber/schmutzig

*Beispiel:* Zu Hause habe ich einen kleinen Hund, eine schwarze Katze, ein kleines, rotes Radio usw.

# Lektion 5

## Städte und Länder

**A.**

(a) London ist eine Stadt in England.
Newcastle ist auch eine Stadt in England.
Sie sind zwei Städte in England.

(b) Paris ist eine Stadt in Frankreich.
Calais ist auch eine Stadt in Frankreich.
Sie sind zwei Städte in Frankreich.

(c) Hamburg ist eine Stadt in Deutschland.
Garmisch ist auch eine Stadt in Deutschland.
Sie sind zwei Städte in Deutschland.

(d) Little Taddlecombe-in-the-Mud ist ein Dorf.
Ambridge ist auch ein Dorf.
Sie sind zwei Dörfer in England.

Biberswald ist ein Dorf in Deutschland.

(e) England ist ein Land in Europa.
England, Frankreich und Deutschland sind drei Länder in Europa.

**Wortschatz**

die Stadt (¨e)

das Dorf (¨er)
das Land (¨er)

## Fragen

1. Ist London eine Stadt in Frankreich?
2. Ist Paris ein Dorf in Deutschland?
3. Sind Ambridge und Birmingham zwei Dörfer in England?
4. Was sind Dover und Bristol?
5. Was sind Berlin und Bonn?
6. Sind Calais und Birmingham zwei Städte in Frankreich?
7. Sind Deutschland und Frankreich zwei Städte?
8. Was sind England, Liverpool und Manchester?

## Aufgaben

Here is a list of some European countries:
Großbritannien (England, Nordirland, Schottland, Wales); Frankreich; Deutschland (die Bundesrepublik/die DDR); Skandinavien (Schweden, Norwegen, Dänemark, Finnland); Belgien; Holland; Österreich; Luxemburg; Italien; Spanien; Portugal; Ungarn; Polen; Jugoslawien; Griechenland; Rußland; die Schweiz; die Tschechoslowakei.

(a) Draw a map of Europe and label the above countries.
(b) Label in German a blank map of Europe from memory.

## B.

London ist die Hauptstadt von England.
Bonn ist die Hauptstadt von Deutschland.
Paris ist die Hauptstadt von Frankreich.

### Fragen
Was sind die folgenden Städte?:
(a) Rom? (b) Brüssel? (c) Wien? (d) Moskau? (e) Athen?

### Wortschatz
die Hauptstadt (¨-e)

## C.

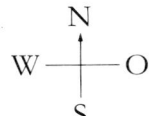

Hamburg liegt in Norddeutschland.
Garmisch liegt in Süddeutschland.

Bristol liegt in Südwestengland.
Dover liegt in Südostengland.

Carlisle liegt in Nordwestengland.
Newcastle liegt in Nordostengland.

### Wortschatz
der Teil (-e)
liegen (liegt)

### Fragen
1. In welchem Teil von England liegen:
(a) Manchester? (b) Sunderland? (c) London? (d) Plymouth?
2. Liegt Garmisch in Norddeutschland?
3. In welchen Ländern liegen:
(a) Bonn? (b) Madrid? (c) Calais? (d) Ostende? (e) Amsterdam?

# Lektion 6
## Haus und Hotel

**A.**

Die Fiedlers wohnen und arbeiten in einem ziemlich großen Hotel in einem schönen Dorf in Süddeutschland. Das Dorf heißt Biberswald und das Hotel heißt „Bayrisches Tal".
  Biberswald ist nicht weit von Garmisch entfernt.

### Wortschatz

| | | |
|---|---|---|
| das Hotel (–s) | wohnen | sehr |
| weit/nah | arbeiten | ziemlich |
| | | ganz |

### Fragen

I
1. Wer wohnt in dem ziemlich großen Hotel?
2. Wie heißt das Dorf?
3. Wie heißt das Hotel?
4. Wo ist das Hotel?
5. Wo ist Biberswald?
6. (a) Wie ist das Hotel? (Ist es sehr groß?)
   (b) Was für ein Hotel ist es also?
7. (a) Wie ist das Dorf? (Ist es häßlich?)
   (b) Was für ein Dorf ist es also?
8. In was für einem Hotel wohnen die Fiedlers?
9. In was für einem Dorf wohnen die Fiedlers?
10. Ist Biberswald sehr weit von Garmisch entfernt?

**B.**

Maria hat einen englischen Brieffreund. Er heißt Andrew Robinson. Seine Schwester heißt Susan. Sie wohnen in Windsor. Windsor ist nicht weit von London entfernt.

Das ist Andrews Haus. Es ist ziemlich groß. Die Haustür ist blau. Es hat ein rotes Dach und einen kleinen Schornstein. Es hat zwei Gärten – einen kleinen vor dem Haus und einen großen hinter dem Haus. Schöne Blumen wachsen in den Blumenbeeten. Andrew hat zwei Apfelbäume in seinem Hintergarten und einen Kirschbaum in seinem Vorgarten.

Die Garage ist neben dem Haus. Vor dem Haus ist ein großer Weg.

### Wortschatz

| | | |
|---|---|---|
| der Brieffreund (–e) | die Brieffreundin (–nen) | das Haus (¨er) |
| der Schornstein (–e) | die Blume (–n) | das Dach (¨er) |
| der Garten (¨) | die Garage (–n) | das Blumenbeet (–e) |
| der Baum (¨e) | | |
| der Apfelbaum (¨e) | | |
| der Kirschbaum (¨e) | | |
| der Weg (–e) | | |
| | zwischen | |
| wachsen (wächst) | neben | |
| | hinter | |
| | vor | |

### Merke!

Nicht weit von London entfernt.

## Fragen

I
1. (a) Wie ist Andrews Haus?
   (b) Was für ein Haus hat Andrew also?
2. (a) Wie ist die Haustür?
   (b) Was für eine Haustür hat das Haus also?
3. (a) Wie ist das Dach?
   (b) Was für ein Dach hat das Haus also?
4. (a) Wie ist der Schornstein?
   (b) Was für einen Schornstein hat das Haus also?
5. (a) Wie ist der Vorgarten?
   (b) Was für einen Vorgarten hat das Haus also?
6. (a) Wie ist der Hintergarten?
   (b) Was für einen Hintergarten hat das Haus also?
7. (a) Wie sind die Blumen in den Gärten?
   (b) Was für Blumen sind sie also?

II
1. Was ist auf dem Dach?
2. Was ist neben dem Haus?
3. Was ist vor dem Haus?
4. Was ist hinter dem Haus?
5. Wo ist der Schornstein?
6. Wo ist die Garage?
7. Sind die Apfelbäume und der Kirschbaum in dem Hintergarten?

## Aufgaben

(a) Be ready to draw a quick sketch of a house and garden on the blackboard
(b) to name the parts of the house and garden you have drawn
(c) to say what you can see in your drawing. Start your answer with:
   Ich sehe...
(d)

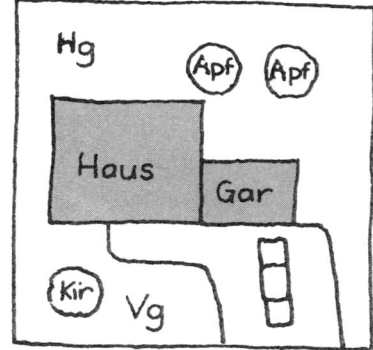

Here is a plan of Andrew's house and gardens. You should be able to reproduce it and make the following observations (from memory) about where the various parts are:

Das Haus ist zwischen dem Hintergarten und dem Vorgarten und neben der Garage.
Die Garage ist neben dem Haus.
Der Hintergarten ist hinter dem Haus.
Der Vorgarten ist vor dem Haus.
Die Apfelbäume sind in dem Hintergarten.
Der Kirschbaum ist in dem Vorgarten.
Der Wagen ist vor der Garage.
Die Blumen sind in den Blumenbeeten.
Der Weg ist vor dem Haus.

# Lektion 7
## Pläne

**A.**
Das Hotel „Bayrisches Tal" ist ziemlich groß. Hier ist ein Plan des Hotels:

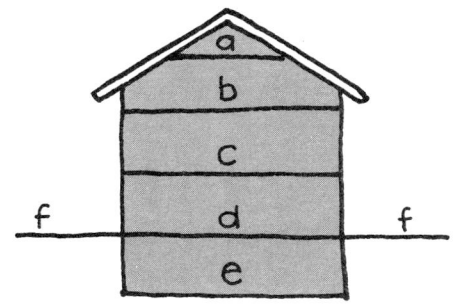

(a) Das ist die Mansarde.
(b) Das ist der zweite Stock.
(c) Das ist der erste Stock.
(d) Das ist das Erdgeschoß.
(e) Das ist der Keller.
(f) Das ist die Straße.

### Wortschatz
der Stock (Stockwerke)   die Mansarde (–n)   das Erdgeschoß
der Keller (–)           die Straße (–n)     das Stockwerk (–e)

### Merke!
die Mitte         die Seite (–n)
in der Mitte      auf der Seite

**B.**
Das Hotel ist in der Mitte des Dorfes. Die Fiedlers haben eine Wohnung oben im ersten Stock des Hotels. Sie hat acht Zimmer – ein Wohnzimmer, ein Eßzimmer, ein Badezimmer, drei Schlafzimmer, eine Küche und eine Toilette.

Das Badezimmer, die Toilette und die drei Schlafzimmer sind auf der linken Seite des Ganges. Das Eßzimmer, die Küche und das Wohnzimmer sind auf der rechten Seite des Ganges.

### Zum Auswendiglernen
in der Mansarde
im zweiten Stock
im ersten Stock
im Erdgeschoß
im Keller

Hier ist ein Plan der Wohnung der Familie Fiedler:

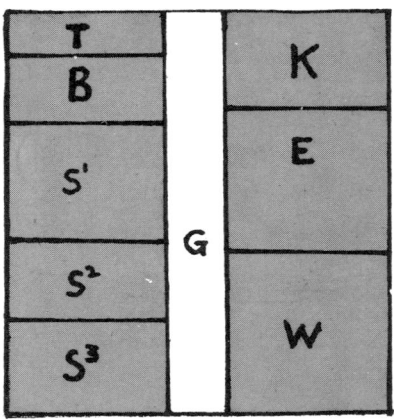

**K** Das ist die Küche (–n)
**E** Das ist das Eßzimmer (–)
**W** Das ist das Wohnzimmer (–)
**G** Das ist der Gang (≈e)
**T** Das ist die Toilette (–n)
**B** Das ist das Badezimmer (–)
**S¹** Das ist das Schlafzimmer der Eltern.
**S²** Das ist Renates Schlafzimmer (–)
**S³** Das ist Marias Schlafzimmer.

Die Toilette ist neben dem Badezimmer.
Das Badezimmer ist neben der Toilette.

Das Badezimmer ist auch neben dem Schlafzimmer der Eltern.
Das Schlafzimmer der Eltern ist neben dem Badezimmer.
usw. usw.

## C.

Andrews Haus ist am Rande der Stadt. Es hat acht Zimmer. Das Eßzimmer, das Wohnzimmer und die Küche sind unten im Erdgeschoß. Die drei Schlafzimmer, das Badezimmer und die Toilette sind oben im ersten Stock.
   Es gibt auch einen Flur im Erdgeschoß.

### Wortschatz

der Bungalow (–s)     genau/ungefähr
der Rand (≈er)        es gibt
am Rande

der Flur (–e)

Hier ist ein Plan des Erdgeschoßes seines Hauses:

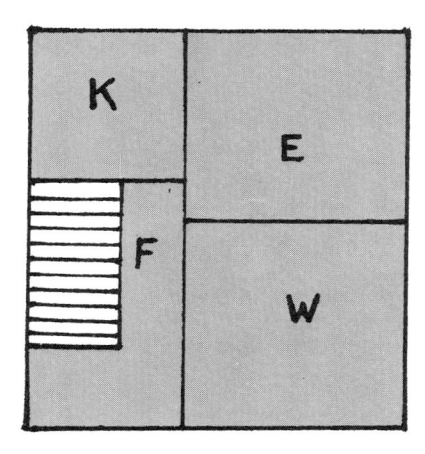

**Wortschatz**
die Treppe (–n)

Hier ist ein Plan des ersten Stockes seines Hauses:

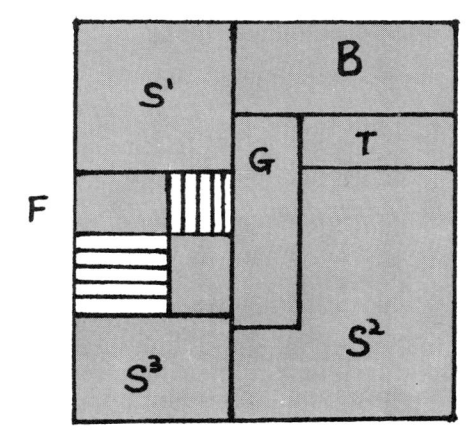

S¹ Andrews Schlafzimmer.
S² Das Schlafzimmer seiner Eltern.
S³ Das Schlafzimmer seiner Schwester.

**Fragen**

I
1. Ist das Hotel am Rande des Dorfes?
2. Ist Andrews Haus in der Mitte der Stadt?
3. Ist die Wohnung der Familie im zweiten Stock des Hotels?
4. Ist ihr Eßzimmer auf der linken Seite des Ganges?
5. Ist ihr Badezimmer auf der rechten Seite des Ganges?
6. Ist Marias Schlafzimmer neben der Toilette?
7. Ist die Küche zwischen dem Wohnzimmer und dem Eßzimmer?
8. Ist Renates Schlafzimmer neben dem Badezimmer?
9. Wo ist das Schlafzimmer der Eltern?
10. Wo ist das Wohnzimmer?

II  1. Wieviele Zimmer haben die Fiedlers in ihrer Wohnung?
2. Wie heißen diese Zimmer?
3. Hat Andrew zehn Zimmer in seinem Haus?
4. Sind die Schlafzimmer in Andrews Haus im Erdgeschoß?
5. Wohnst du in einem Haus, einem Bungalow, einem Hotel oder in einer Wohnung?
6. Wie ist dein Haus? (deine Wohnung?)
7. Was für ein Haus hast du also? (Was für eine Wohnung hast du also?)
8. Wieviele Gärten hast du?
9. Wie sind deine Gärten? (Wie ist dein Garten?)
10. Was für Gärten hast du also? (Was für einen Garten hast du also?)

III  *In deinem Haus bzw. in deiner Wohnung*
1. Wo genau ist deine Küche?
2. Wo genau ist dein Eßzimmer?
3. Wo genau ist deine Toilette?
4. Wo genau ist dein Schlafzimmer?
5. Wo genau ist dein Badezimmer?

IV

Imagine a fly buzzing around a room. From time to time it settles on the edge of various objects. Where is the fly in the pictures a–l?

*Wo ist die Fliege (-n?)*

*Beispiel:*
a. Sie ist am Rande des Tisches.

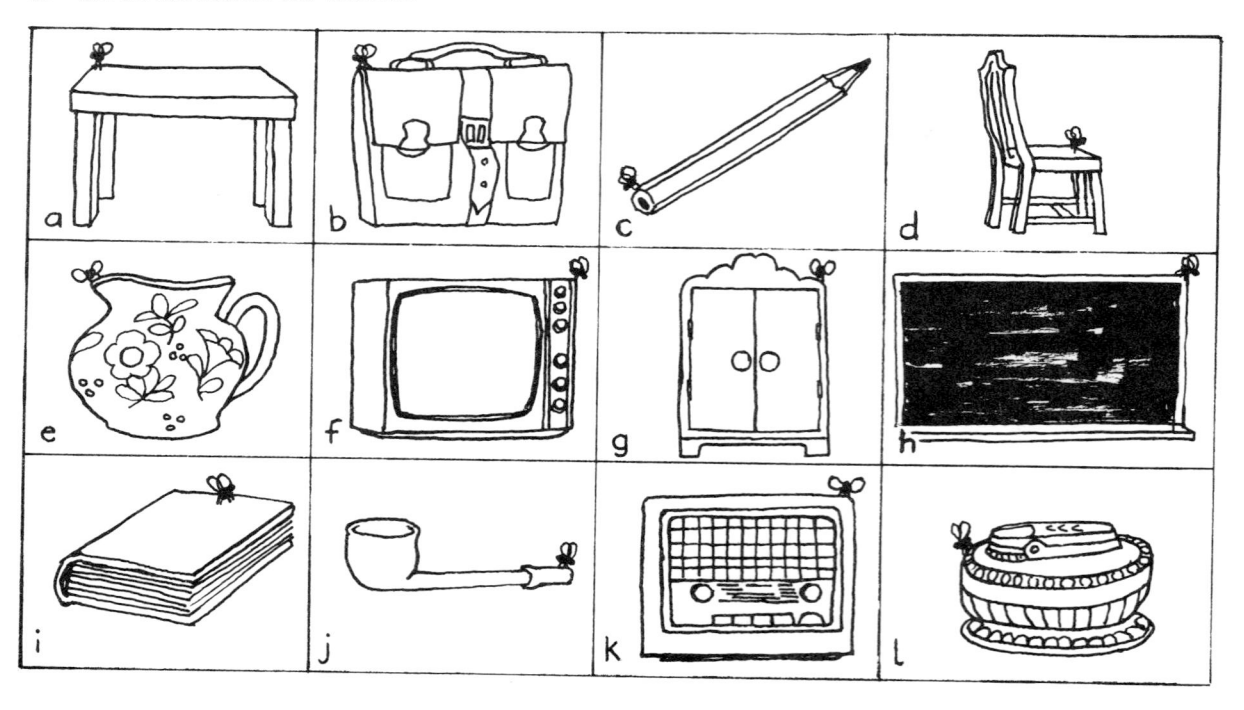

## Aufgaben

1. Draw a plan of the floor(s) of your house or flat, label the rooms in German and describe where the rooms are in relationship to each other.
   e.g.: Mein Schlafzimmer ist neben dem Schlafzimmer meiner Eltern.

2. Be ready to draw a plan of the Fiedlers' flat on the blackboard, to name the rooms and to describe where the rooms are in relationship to each other.

3. Schreib' einen kurzen Aufsatz mit dem Titel – „Mein Haus"!

# Lektion 8

Was macht Frau Fiedler in den verschiedenen Zimmern der Wohnung?

Sie ißt *im* Eßzimmer.

Sie schläft *im* Schlafzimmer.

Sie wäscht sich *im* Badezimmer.

Sie liest *im* Wohnzimmer.

Sie kocht *in der* Küche.

**Wortschatz**
essen (ißt)
schlafen (schläft)
sich waschen (wäscht sich)
lesen (liest)
kochen

**Fragen**

I  1. Was macht Frau Fiedler im Wohnzimmer?
   2. Was macht sie im Schlafzimmer?
   3. Was macht sie im Eßzimmer?
   4. Was macht sie im Badezimmer?
   5. Was macht sie in der Küche?

II  1. Wo ißt sie?
   2. Wo liest sie?
   3. Wo wäscht sie sich?
   4. Wo kocht sie?
   5. Wo schläft sie?

III  1. Schläft sie gewöhnlich in der Küche?
   2. Ißt sie gewöhnlich im Badezimmer?
   3. Wäscht sie sich gewöhnlich im Wohnzimmer?
   4. Liest sie gewöhnlich im Eßzimmer?
   5. Kocht sie gewöhnlich im Schlafzimmer?

IV 1. Ich esse in meinem Eßzimmer. Was machst du in deinem?
2. Ich wasche mich in meinem Badezimmer. Was machst du in deinem?
3. Ich lese in meinem Wohnzimmer. Was machst du in deinem?
4. Ich koche in meiner Küche. Was machst du in deiner?
5. Ich schlafe in meinem Schlafzimmer. Was machst du in deinem?

V Stell' dir mal vor, daß dein Lehrer bzw. deine Lehrerin die folgenden Fragen stellt! Beantworte sie! (Imagine that your teacher is asking the following questions. Now answer them. Remember to use the polite form for "you".)

(a) 1. Was mache ich in meinem Eßzimmer? – **Sie** essen.
2. Was mache ich in meinem Wohnzimmer?
3. Was mache ich in meinem Schlafzimmer?
4. Was mache ich in meiner Küche?
5. Was mache ich in meinem Badezimmer?

(b) 1. Esse ich in deinem Eßzimmer? – Nein, **Sie** essen in Ihrem eigenen (Eßzimmer).
2. Lese ich in deinem Wohnzimmer?
3. Koche ich in deiner Küche?
4. Wasche ich mich in deinem Badezimmer?
5. Schläft Frau Fiedler in deinem Schlafzimmer oder in ihrem eigenen?
6. Wäscht sich Frau Fiedler in meinem Badezimmer?
7. Liest Frau Fiedler in meinem Wohnzimmer?
8. Kocht Frau Fiedler in meiner Küche?

VI 1. In wessen Wohnzimmer liest Herr Fiedler?
2. In wessen Wohnzimmer liest Frau Fiedler?
3. In wessen Wohnzimmer liest du?
4. In wessen Wohnzimmer lese ich? (Ein Freund bzw. eine Freundin stellt die Frage.)
5. In wessen Wohnzimmer lese ich? (Der Lehrer bzw. die Lehrerin stellt die Frage.)

# Lektion 9
## Wie ist die Wohnung der Familie Fiedler möbliert?

**A.**
**(i) Das Wohnzimmer**

Im Wohnzimmer sind Vorhänge, ein Sofa, zwei Sessel, eine Stehlampe und eine kleine Lampe, ein Teppich, ein Couchtisch, ein Bücherschrank, zwei Bilder, eine Musiktruhe und ein Fernsehapparat.

**(ii) Das Eßzimmer**

Im Eßzimmer sind Vorhänge, ein Tisch, sechs Stühle, ein Büfett, ein Teppich, eine Lampe, ein Spiegel und ein Bild.

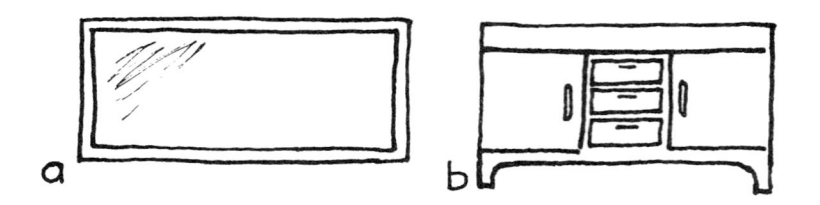

**(iii) Marias Schlafzimmer**

In Marias Schlafzimmer sind Vorhänge, ein Bett, ein Kleiderschrank, ein Toilettentisch, ein Hocker, ein Teppich, ein Nachttisch, eine Lampe, ein Tisch, ein Stuhl, ein Radio und ein Plattenspieler.

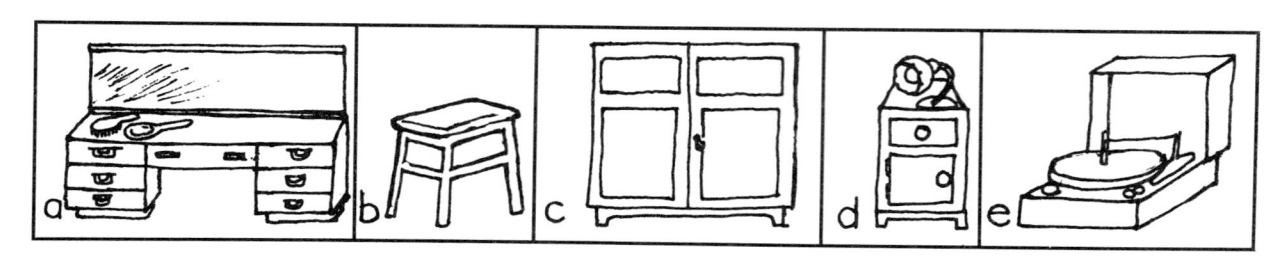

**(iv) Die Küche**
In der Küche sind ein Spültisch, ein Gasherd, ein Kühlschrank, ein Wandschrank, eine Waschmaschine, ein Tisch und vier Stühle.

### Wortschatz

(i)
- (a) der Sessel (–)
- (b) der Bücherschrank (¨e)
- (c) der Teppich (–e)
- (d) der Vorhang (¨e)
- (e) die Musiktruhe (–n)
- (f) die Stehlampe (–n)
- (g) das Sofa (–s)
- (h) das Bild (–er)
- (i) das Tonbandgerät (–e)

(ii)
- (a) der Spiegel (–)
- (b) das Büffet (–s)

(iii)
- (a) der Toilettentisch (–e)
- (b) der Hocker (–)
- (c) der Kleiderschrank (¨e)
- (d) der Nachttisch (–e)
- (e) der Plattenspieler (–)

(iv)
- (a) der Spültisch (–e)
- (b) der Gasherd (–e)
- (c) der Kühlschrank (¨e)
- (d) der Wandschrank (¨e)
- (e) die Waschmaschine (–n)

### Fragen

I   Was siehst du in:
(a) deinem Wohnzimmer
(b) deinem Eßzimmer
(c) deiner Küche
(d) deinem Schlafzimmer?
(In meinem Wohnzimmer sehe ich… usw.)

II  Im Wohnzimmer der Familie Fiedler

Das Sofa ist grau.
Die Sessel sind grau.
Der Teppich ist hellblau.
Die Vorhänge sind dunkelblau.
Der Couchtisch ist lang.
Die Stehlampe ist elegant.
Die Musiktruhe ist neu.

## Fragen

1. Was für ein Sofa haben die Fiedlers? (Sie haben ein graues.)
2. Was für Sessel haben sie?
3. Was für einen Teppich haben sie?
4. Was für Vorhänge haben sie?
5. Was für einen Couchtisch haben sie?
6. Was für eine Stehlampe haben sie?
7. Was für eine Musiktruhe haben sie?

## B.

(a) Der Teppich, der im Wohnzimmer ist, ist hellblau.
Der Teppich, der im Eßzimmer ist, ist hellgrün.

Die Lampe, die im Wohnzimmer ist, ist rot.
Die Lampe, die im Eßzimmer ist, ist weiß.

Das Bild, das im Wohnzimmer ist, ist modern.
Das Bild, das im Eßzimmer ist, ist alt.

Die Vorhänge, die im Wohnzimmer sind, sind dunkelblau.
Die Vorhänge, die im Eßzimmer sind, sind dunkelgrün.

**Fragen**

1. Welcher Teppich ist hellblau?
2. Welche Lampe ist weiß?
3. Welches Bild ist alt?
4. Welche Vorhänge sind dunkelgrün?
5. Welcher Teppich ist hellgrün?


(b) Der hellblaue Teppich ist im Wohnzimmer.
Der hellgrüne Teppich ist im Eßzimmer.
Die rote Lampe ist im Wohnzimmer.
Die weiße Lampe ist im Eßzimmer.

Das moderne Bild ist im Wohnzimmer.
Das alte Bild ist im Eßzimmer.

Die dunkelblauen Vorhänge sind im Wohnzimmer.
Die dunkelgrünen Vorhänge sind im Eßzimmer.


**Fragen**

1. Welcher Teppich ist im Wohnzimmer? (Der hellblaue)
2. Welche Lampe ist im Eßzimmer?
3. Welches Bild ist im Eßzimmer?
4. Welche Vorhänge sind im Wohnzimmer?
5. Welcher Teppich ist im Eßzimmer?


(c) Die Fiedlers haben den hellblauen Teppich im Wohnzimmer und den hellgrünen im Eßzimmer.

Sie haben die rote Lampe im Wohnzimmer und die weiße im Eßzimmer.

Sie haben das moderne Bild im Wohnzimmer und das alte im Eßzimmer.

Sie haben die dunkelblauen Vorhänge im Wohnzimmer und die dunkelgrünen im Eßzimmer.


**Fragen**

1. Welchen Teppich haben sie im Wohnzimmer?
2. Welche Lampe haben sie im Eßzimmer?
3. Welches Bild haben sie im Wohnzimmer?
4. Welche Vorhänge haben sie im Eßzimmer?
5. Welchen Teppich haben sie im Eßzimmer?

# Wiederholung

*Wohnzimmer*
Teppich – hellblau
Lampe – rot
Bild – modern
Vorhänge – dunkelblau

*Eßzimmer*
Teppich – hellgrün
Lampe – weiß
Bild – alt
Vorhänge – dunkelgrün.

**Fragen**

I  1. Welcher Teppich ist im Wohnzimmer?
   2. Welcher Teppich ist im Eßzimmer?
   3. Welcher Teppich ist hellblau?
   4. Welcher Teppich ist hellgrün?
   5. Welchen Teppich haben die Fiedlers im Wohnzimmer?
   6. Welchen Teppich haben sie im Eßzimmer?

II 1. Welche Lampe ist im Wohnzimmer?
   2. Welche Lampe ist im Eßzimmer?
   3. Welche Lampe ist weiß?
   4. Welche Lampe ist rot?
   5. Welche Lampe haben die Fiedlers im Wohnzimmer?
   6. Welche Lampe haben sie im Eßzimmer?

III 1. Welches Bild ist im Wohnzimmer?
    2. Welches Bild ist im Eßzimmer?
    3. Welches Bild ist modern?
    4. Welches Bild ist alt?
    5. Welches Bild haben die Fiedlers im Wohnzimmer?
    6. Welches Bild haben sie im Eßzimmer?

IV 1. Welche Vorhänge sind im Wohnzimmer?
   2. Welche Vorhänge sind im Eßzimmer?
   3. Welche Vorhänge sind dunkelblau?
   4. Welche Vorhänge sind dunkelgrün?
   5. Welche Vorhänge haben die Fiedlers im Wohnzimmer?
   6. Welche Vorhänge haben sie im Eßzimmer?

V 1. Wie ist der Teppich, der im Wohnzimmer ist?
  2. Was für ein Teppich ist also im Wohnzimmer?
  3. Welcher Teppich ist im Eßzimmer?
  4. Welcher Teppich ist hellblau?
  5. Was für einen Teppich haben die Fiedlers im Eßzimmer?
  6. Welchen Teppich haben die Fiedlers im Wohnzimmer?

**Aufgabe**

Say or write something about the furniture (with colours etc.) you have in the various rooms of your house.

(a) In meinem Wohnzimmer habe ich...
(b) In meinem Eßzimmer habe ich...
(c) In meinem Schlafzimmer habe ich...
(d) In meiner Küche habe ich...

# Lektion 10

## Das Hotel „Bayrisches Tal"

Das Hotel „Bayrisches Tal" ist ziemlich groß. Unten im Erdgeschoß sind die Eingangshalle, der Fernsehraum, das Klubzimmer, die Gaststube, der Eßsaal, die Küche, die Kegelbahn, die Toiletten, das Büro, drei Zimmer für das Personal und eine schöne Terrasse.

Oben im ersten Stock sind die Wohnung der Familie Fiedler und zwölf Gästezimmer.

Im zweiten Stock sind noch achtzehn Gästezimmer.

Ganz oben in der Mansarde sind noch zwei Zimmer für das Personal.

Es gibt auch eine Bar (die Forellenbar) ganz unten im Keller.

Hier ist ein Plan des Erdgeschoßes des Hotels:

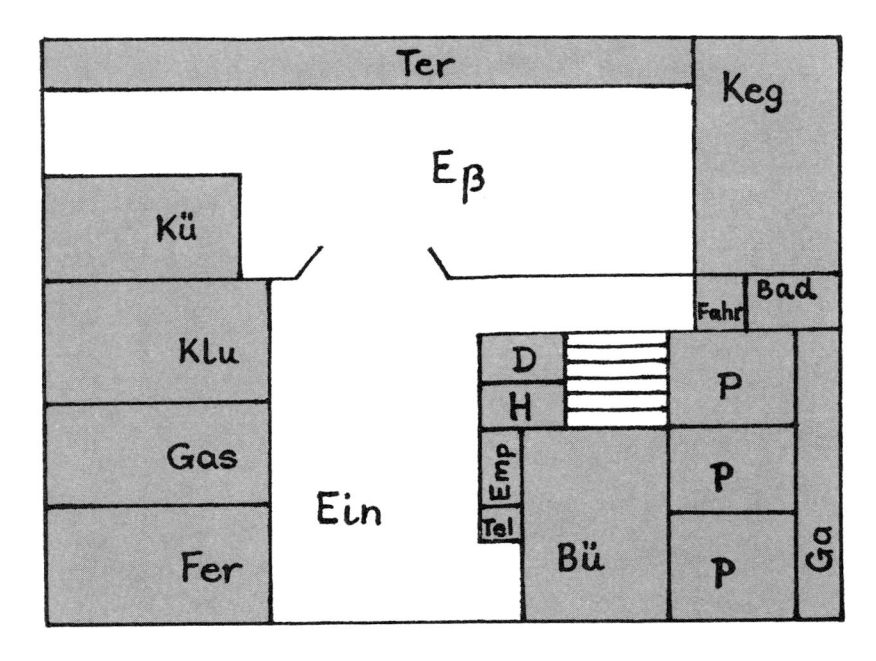

Ein: Das ist die Eingangshalle (–n)
Fer: Das ist der Fernsehraum (⸚e)
Gas: Das ist die Gaststube (–n)
Klu: Das ist das Klubzimmer (–)
Eß: Das ist der Eßsaal (–säle)
Ter: Das ist die Terrasse (–n)
Keg: Das ist die Kegelbahn (–en)
Kü: Das ist die Küche (–n)
Tre: Das ist die Treppe (–n)
Fahr: Das ist der Fahrstuhl (⸚e)
D: Das ist die Damentoilette (–n)
H: Das ist die Herrentoilette (–n)
Emp: Das ist der Empfangstisch (–e)
Tel: Das ist die Telefonzelle (–n)
Bü: Das ist das Büro (–s)
P: Das sind die drei Zimmer für das Personal.
Ga: Das ist der Gang (⸚e)
Bad: Das ist das Badezimmer (–)

## Wortschatz

der Herr (–en)    die Dame (–n)    das Zimmer für das Personal
die Bar (–s)    das Gästezimmer (–)
die Forelle (–n)    das Tal (⸚er)

## Fragen

1. (a) Be ready to draw a plan of the ground floor of the hotel (on the blackboard or in your exercise book).
   (b) to name the rooms either orally or in writing.
   (c) to describe where the rooms are in relationship to each other, using: vor, hinter, zwischen, auf der linken/rechten Seite.
2. Members of the class should imagine that they are guests in the hotel standing at the reception desk. They should ask the receptionist (another member of the class) in turn where the various parts of the hotel are. The "receptionist" should then answer:
   e.g.
       Wo ist die Terrasse, bitte?
       Sie ist drüben hinter dem Eßsaal.

       Wo ist Zimmer 20, bitte?
       Es ist oben im zweiten Stock.

## Aufgaben

I
1. Ist das Hotel sehr klein?
2. Wie viele Stockwerke hat es?
3. Wie heißen sie?
4. Ist der Fernsehraum oben im ersten Stock?
5. Ist die Küche ganz oben im zweiten Stock?
6. Wo ist die Forellenbar?
7. Wie viele Gästezimmer gibt es im Hotel?
8. In welchem Stock ist das Büro?
9. In welchem Stock ist die Wohnung der Familie Fiedler?
10. Welche Zimmer sind im Erdgeschoß?
11. Wo sind die Zimmer für das Personal?

II
1. Ist der Fernsehraum neben der Kegelbahn?
2. Ist die Damentoilette neben der Gaststube?
3. Ist das Klubzimmer neben dem Büro?
4. Wo ist die Terrasse?
5. Wo ist die Küche?
6. Was ist neben der Küche?
7. Was ist neben der Herrentoilette?
8. Was ist zwischen der Damentoilette und dem Büro?
9. Wo ist der Fahrstuhl?
10. Wo ist die Telefonzelle?

## Merke!

Zimmer 1–12 sind im ersten Stock.
Zimmer 13–30 sind im zweiten Stock.

# Lektion 11

## In der Eingangshalle

**A.**

In der Eingangshalle sind ein Empfangstisch, ein Fremdenbuch, eine Telefonzelle, Telefonbücher, eine Bank, ein Couchtisch, ein Gummibaum, ein Topf, ein Aschenbecher, ein Fahrplan, eine Landkarte, zwei Telefone – ein weißes und ein schwarzes, ein Schlüsselbrett, Schlüssel, Postfächer und Briefe.

Das schwarze Telefon und die Telefonbücher sind in der Telefonzelle.

Das weiße Telefon und das Fremdenbuch sind auf dem Empfangstisch.

Der Gummibaum ist im Topf.

Die Zigarette ist im Aschenbecher.

Der Topf und der Aschenbecher sind auf dem Couchtisch.

Der Fahrplan und die Landkarte sind an der Wand über der Bank.
Die Bank ist neben der Wand.

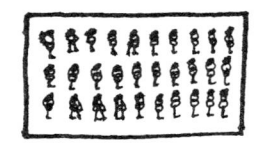

Die Schlüssel sind am Schlüsselbrett.

Die Briefe sind in den Postfächern.

Der Empfangstisch ist vor dem Büro.
Das Büro ist hinter dem Empfangstisch.

Die Schreibmaschine ist auf einem Tisch im Büro.

**Wortschatz**

in          unter/über        vor/hinter
auf/an                        neben/zwischen

der Couchtisch (–e)      die Landkarte (–n)        das Postfach (⸚er)
der Gummibaum (⸚e)       die Bank (⸚e)             das Schlüsselbrett (–er)
der Topf (⸚e)            die Schreibmaschine (–n)  das Fremdenbuch (⸚er)
der Fahrplan (⸚e)        die Zigarette (–n)        das Telefon (–e)
der Brief (–e)                                     das Telefonbuch (⸚er)
der Schlüssel (–)

**Fragen**

I  1. (a) Was ist in dem Topf?
    (b) Was siehst du in dem Topf?
   2. (a) Was ist im Aschenbecher?
    (b) Was siehst du im Aschenbecher?
   3. (a) Was ist an der Wand über der Bank?
    (b) Was siehst du an der Wand über der Bank?
   4. (a) Was ist auf dem Empfangstisch?
    (b) Was siehst du auf dem Empfangstisch?
   5. (a) Was ist in der Telefonzelle?
    (b) Was siehst du in der Telefonzelle?
   6. (a) Was ist auf dem Couchtisch?
    (b) Was siehst du auf dem Couchtisch?
   7. (a) Was ist in den Postfächern?
    (b) Was siehst du in den Postfächern?
   8. (a) Was ist unter dem schwarzen Telefon?
    (b) Was siehst du unter dem schwarzen Telefon?

II  1. Wo ist der Gummibaum? (Er ist...)
   2. Wo ist die Landkarte?
   3. Wo ist der Fahrplan?
   4. Wo ist die Zigarette?
   5. Ist das Fremdenbuch auf dem Couchtisch?
   6. Ist das schwarze Telefon auf dem Empfangstisch?
   7. Ist der Aschenbecher auf der Bank?
   8. Wo ist die Bank?
   9. Wo sind die Briefe?
   10. Wo sind die Schlüssel?


**Aufgaben**

1. Imagine you are standing in the entrance hall of the hotel. Make up twelve sentences about all the things you can see there and where they are: e.g.
    Ich sehe eine Landkarte, die an der Wand ist.
    Ich sehe einen Aschenbecher, der auf dem Couchtisch ist.

2. Welche Zimmer siehst du von der Eingangshalle?

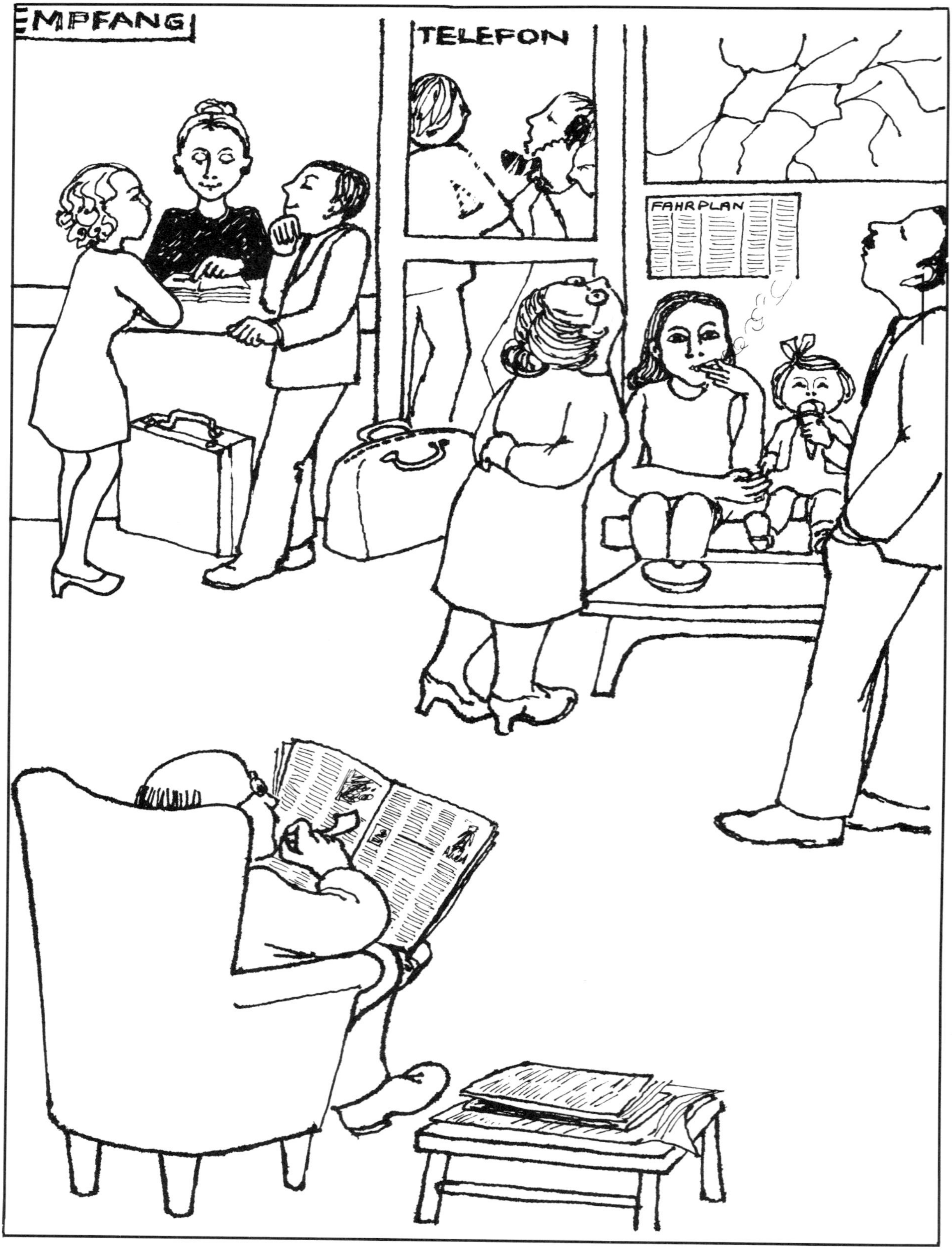
EMPFANG
TELEFON
FAHRPLAN

## B.

Hier in der Eingangshalle ist heute viel los. Fräulein Schneider, die Empfangsdame, unterhält sich mit einem jungen Ehepaar, das ein Zimmer sucht. An dem Couchtisch sitzen eine junge Frau und ihre kleine Tochter. Die Frau raucht eine Zigarette, und die Tochter ißt ein Eis. Ein Junge und ein Mädchen telefonieren in der Telefonzelle. Ein alter Mann, der eine Pfeife raucht und seine Zeitung liest, sitzt in einem Sessel auf der linken Seite der Eingangshalle. Ein junger Mann studiert die Landkarte, und eine alte Frau studiert den Fahrplan. Frau Fiedler ist sehr glücklich. Das Hotel ist voll!

### Wortschatz

| | | |
|---|---|---|
| der Junge (–n) | die Empfangsdame (–n) | das Ehepaar (–e) |
| | | das Eis |
| sich unterhalten (unterhält sich) | | das Mädchen (–) |
| suchen | | |
| rauchen | glücklich/unglücklich | |
| telefonieren | voll/leer | |
| sitzen | | |
| studieren | heute | |

## Fragen

1. Wie viele Menschen siehst du in der Eingangshalle?
2. Wer sind diese Menschen?
3. Wer sucht ein Zimmer?
4. Wer telefoniert?
5. Welcher Mann liest die Zeitung?
6. Welcher Mann ist jung?
7. Welcher Mann studiert die Landkarte?
8. Welcher Mann ist alt?
9. Wo sind der Junge und das Mädchen?
10. Was ißt die Tochter der jungen Frau?
11. Raucht die alte Frau die Zigarette?
12. Welche Frau studiert den Fahrplan?
13. Wo sitzt der alte Mann?
14. Wer ist Fräulein Schneider?
15. Was macht sie?
16. Sind die Landkarte und der Fahrplan auf der rechten Seite der Eingangshalle?
17. Ist das Ehepaar alt?
18. Wo steht Fräulein Schneider?
19. Ist das Hotel leer?
20. Studieren der junge Mann und die alte Frau die Landkarte?

# Lektion 12
## Das Gesicht

**A.**
Johann ist der Nachtportier des Hotels.
Er hat graues Haar und blaue Augen. Er hat auch einen grauen Schnurrbart und einen grauen Vollbart.

**B.**
(a) Das ist sein Kopf.
(b) Das ist sein Haar.
(c) Das ist sein Gesicht.
(d) Das ist sein linkes Auge.
(e) Das ist sein rechtes Auge.
(f) Das ist sein linkes Ohr.
(g) Das ist sein rechtes Ohr.
(h) Das ist seine Nase.
(i) Das ist sein Mund.
(j) Das ist sein Schnurrbart.
(k) Das ist sein Vollbart.

**Wortschatz**

| der Kopf (⸚e) | die Nase (–n) | das Gesicht (–er) |
| der Mund (⸚er) | | das Auge (–n) |
| der Vollbart (⸚e) | | das Ohr (–en) |
| der Schnurrbart (⸚e) | | das Haar (–e) |

| | lang/kurz | braun |
| | blond | schwarz |
| | dunkel | rötlich |

**Fragen**

1. Was für Haar hast du?
2. Was für Ohren hast du?
3. Was für Augen hast du?
4. Was für eine Nase hast du?
5. Was für einen Mund hast du?

**Aufgabe**

Name the various parts of your own face and say something else about each part: e.g.
  Das ist mein Haar. Es ist schwarz.

# Lektion 13
## Tage, Monate und Jahreszeiten

**A.**
**Die sieben Tage der Woche** sind:

Sonntag, Montag, Dienstag, Mittwoch, Donnerstag, Freitag, Samstag (Sonnabend).

> Sonntag ist der erste Tag der Woche.
> Montag ist der zweite Tag der Woche.
> Dienstag ist der dritte Tag der Woche.
> Mittwoch ist der vierte Tag der Woche.
> Donnerstag ist der fünfte Tag der Woche.
> Freitag ist der sechste Tag der Woche.
> Samstag ist der siebte Tag der Woche.

**B.**
**Die zwölf Monate des Jahres** sind:

Januar, Februar, März, April, Mai, Juni, Juli, August, September, Oktober, November und Dezember.

> Januar ist der erste Monat des Jahres.
> Februar ist der zweite Monat des Jahres.
> März ist der dritte Monat des Jahres.
> April ist der vierte Monat des Jahres.
> Mai ist der fünfte Monat des Jahres.
> Juni ist der sechste Monat des Jahres.
> Juli ist der siebte Monat des Jahres.
> August ist der achte Monat des Jahres.
> September ist der neunte Monat des Jahres.
> Oktober ist der zehnte Monat des Jahres.
> November ist der elfte Monat des Jahres.
> Dezember ist der zwölfte Monat des Jahres.

**C.**
**Die vier Jahreszeiten** sind:

der Frühling, der Sommer, der Herbst und der Winter.

> Der Frühling ist die erste Jahreszeit.
> Der Sommer ist die zweite Jahreszeit.
> Der Herbst ist die dritte Jahreszeit.
> Der Winter ist die vierte Jahreszeit.

**Wortschatz**

| | | |
|---|---|---|
| der Tag (–e) | die Woche (–n) | das Jahr (–e) |
| der Monat (–e) | die Jahreszeit (–en) | das Schaltjahr (–e) |

# Fragen

I  1. Welcher Tag der Woche ist Sonntag? – Er ist der erste.
2. Ist Dienstag der vierte Tag der Woche?
3. Ist Montag der sechste und Freitag der zweite Tag der Woche?
4. Welcher Tag der Woche ist Samstag?
5. Welcher Tag der Woche ist Mittwoch?
6. Was ist Donnerstag?

II  1. Welcher Monat des Jahres ist Oktober?
2. Ist Dezember der erste Monat des Jahres?
3. Ist März der vierte und April der dritte Monat des Jahres?
4. Ist Januar der erste Tag der Woche?
5. Ist Sonntag der siebte Monat des Jahres?
6. Was ist November?
7. Ist Dienstag der dritte Monat des Jahres und Juli der siebte Tag der Woche?
8. Was sind die sieben Tage der Woche?
9. Was ist der zwölfte Monat des Jahres?
10. Was sind die zwölf Monate des Jahres?
11. Was ist die vierte Jahreszeit?
12. Was sind die vier Jahreszeiten?

III  Hier ist ein Monat. Es ist Januar. Januar hat 31 Tage.

JANUAR

| S | 1 | 8  | 15 | 22 | 29 |
| M | 2 | 9  | 16 | 23 | 30 |
| D | 3 | 10 | 17 | 24 | 31 |
| M | 4 | 11 | 18 | 25 |    |
| D | 5 | 12 | 19 | 26 |    |
| F | 6 | 13 | 20 | 27 |    |
| S | 7 | 14 | 21 | 28 |    |

*Beispiel:* Der erste Januar ist ein Sonntag.

1. Welcher Tag der Woche ist der zehnte Januar?
2. Welcher Tag der Woche ist der siebenundzwanzigste Januar?
3. Welcher Tag der Woche ist der achtzehnte Januar?
4. Ist der fünfte Januar ein Dienstag?
5. Welcher Tag der Woche ist der einundzwanzigste Januar?
6. Ist der zweite Januar ein Sonnabend?
7. Der wievielte ist heute?
8. Welche Monate haben dreißig Tage?
9. Welche Monate haben einunddreißig Tage?
10. Welcher Monat hat gewöhnlich 28 Tage aber 29 in einem Schaltjahr?

# Lektion 14
# Wie alt sind die Fiedlers und wann sind sie geboren?

(a) *Herr Fiedler*
Er ist 50 Jahre alt.
Er ist am zweiten September geboren. (2.9.–.)

(b) *Frau Fiedler*
Sie ist 48 Jahre alt.
Sie ist am vierzehnten Januar geboren. (14.1.–.)

(c) *Paul*
Er ist 24 Jahre alt.
Er ist am sechsten April geboren. (6.4.–.)

(d) *Renate*
Sie ist 19 Jahre alt.
Sie ist am achtundzwanzigsten November geboren. (28.11.–.)

(e) *Maria*
Sie ist 15 Jahre alt.
Sie ist am achten Oktober geboren. (8.10.–.)

**Fragen**

I   1. Ist Herr Fiedler fünfzehn Jahre alt?
    2. Wann ist Frau Fiedler geboren?
    3. Ist Maria neunzehn Jahre alt?
    4. Wie alt ist Paul?
    5. Wann ist er geboren?

II  Answer the questions that apply to you:
    1. Wie alt bist du?
    2. Wann bist du geboren?
    3. Wie alt ist dein Vater?
    4. Wann ist er geboren?
    5. Wie alt ist deine Mutter?
    6. Wann ist sie geboren?
    7. Wie alt sind deine Geschwister?
    8. Wann sind sie geboren?

III Write out the following dates in full:

(a) 1066  (b) 1939  (c) 1666  (d) 1903
(e) 1521  (f) 1333  (g) 1212  (h) 2000

IV  Wann sind die folgenden Menschen geboren?
(a) Karl – 3.3.1933.
(b) Johann – 17.6.1908.
(c) Magda – 21.5.1951.
(d) Hanna – 13.12.1945.
(e) Max – 27.2.1929.

# Lektion 15

## Wozu geht Frau Fiedler in die verschiedenen Zimmer ihrer Wohnung?

A.

(a) Sie *geht ins* Eßzimmer, um zu essen.

(b) Sie *geht ins* Schlafzimmer, um zu schlafen.

(c) Sie *geht ins* Wohnzimmer, um zu lesen.

(d) Sie *geht ins* Badezimmer, um sich zu waschen.

(e) Sie *geht in die* Küche, um zu kochen.

## Fragen

I
1. Wozu geht Frau Fiedler ins Schlafzimmer?
2. Wozu geht sie ins Badezimmer?
3. Wozu geht sie ins Eßzimmer?
4. Wozu geht sie ins Wohnzimmer?
5. Wozu geht sie in die Küche?

II
1. Geht Frau Fiedler gewöhnlich ins Wohnzimmer, um sich zu waschen? (Nein, sie geht dahin, um zu lesen.)
2. Geht sie gewöhnlich in die Küche, um zu schlafen?
3. Geht sie gewöhnlich ins Eßzimmer, um zu lesen?
4. Geht sie gewöhnlich ins Schlafzimmer, um zu essen?
5. Geht sie gewöhnlich ins Badezimmer, um zu kochen?

III
1. Wohin geht sie, um zu essen?
2. Wohin geht sie, um zu schlafen?
3. Wohin geht sie, um sich zu waschen?
4. Wohin geht sie, um zu lesen?
5. Wohin geht sie, um zu kochen?

## B. Im Klassenzimmer

*Der Lehrer bzw. die Lehrerin spricht:*
Ich gehe in *mein* Eßzimmer, um zu essen.
Ich gehe in *mein* Schlafzimmer, um zu schlafen.
Ich gehe in *mein* Badezimmer, um mich zu waschen.
Ich gehe in *mein* Wohnzimmer, um zu lesen.
Ich gehe in *meine* Küche, um zu kochen.

## Fragen

I
1. In wessen Wohnzimmer geht Frau Fiedler, um zu lesen?
2. In wessen Wohnzimmer geht Herr Fiedler, um zu lesen?
3. In wessen Wohnzimmer gehst du, um zu lesen?
4. In wessen Wohnzimmer gehe ich (der Lehrer bzw. die Lehrerin stellt die Frage), um zu lesen?
5. In wessen Wohnzimmer gehe ich (ein Freund bzw. eine Freundin stellt die Frage), um zu lesen?

II
1. Wozu geht Frau Fiedler ins Badezimmer?
2. Wozu geht Herr Fiedler ins Badezimmer?
3. Wozu gehst du ins Badezimmer?
4. Wozu gehe ich (der Lehrer bzw. die Lehrerin stellt die Frage), ins Badezimmer?
5. Wozu gehe ich (ein Freund bzw. eine Freundin stellt die Frage) ins Badezimmer?

III
1. Geht Herr Fiedler gewöhnlich in dein Eßzimmer oder in sein eigenes, um zu essen? (Er geht in sein eigenes.)
2. Gehe ich (der Lehrer bzw. die Lehrerin stellt die Frage) gewöhnlich in dein Badezimmer, um mich zu waschen?
3. Geht Maria gewöhnlich in deine Küche, um zu kochen?
4. Gehe ich (ein Freund stellt die Frage) gewöhnlich in dein Wohnzimmer, um zu lesen?
5. Gehst du gewöhnlich in Marias Schlafzimmer, um zu schlafen?

# Lektion 16

## Wieviel Uhr ist es? (I)

**A.**

(a) Es ist ein Uhr. (1.00)
(b) Es ist fünf Uhr. (5.00)
(c) Es ist elf Uhr. (11.00)

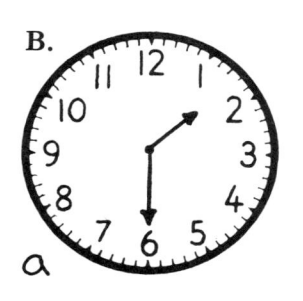

**B.**

(a) Es ist halb zwei. (1.30)
(b) Es ist halb vier. (3.30)
(c) Es ist halb neun. (8.30)

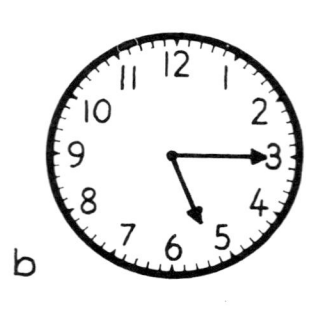

**C.**

(a) Es ist Viertel nach zwei. (2.15)
(b) Es ist Viertel nach fünf. (5.15)
(c) Es ist Viertel nach elf. (11.15)

D.

(a) Es ist Viertel vor drei. (2.45)
(b) Es ist Viertel vor sieben. (6.45)
(c) Es ist Viertel vor elf. (10.45)

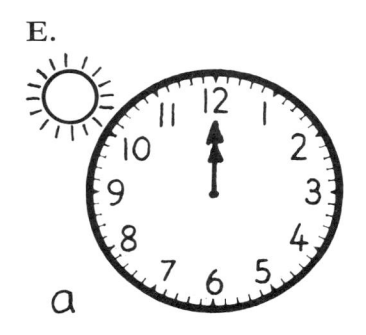

E.

(a) Es ist Mittag.
(b) Es ist Mitternacht.

### Wortschatz

die Uhr (–en)  das Viertel (–)
die Armbanduhr (–en)
die Taschenuhr (–en)

### Merke!

Hast du eine Uhr?
Wieviel Uhr ist es, bitte?
Wie spät ist es, bitte?

## Fragen

*Wie spät ist es, bitte?*

1. 4.00.
2. 4.15.
3. 4.30.
4. 4.45.
5. 11.00.
6. 6.00.
7. 9.15.
8. 12.00.
9. 11.45.
10. 7.15.
11. 2.00.
12. 10.15.

# Lektion 17
## Willi Schmidt

# Willi Schmidt ist ein Gast im Hotel

**(a)** Er spielt Karten *im* Klubzimmer.

(Er geht *ins* Klubzimmer, um Karten zu spielen.)

**(b)** Er trinkt ein Glas Bier *in der* Gaststube.

(Er geht *in die* Gaststube, um ein Glas Bier zu trinken.)

**(c)** Er kegelt *in der* Kegelbahn.

(Er geht *in die* Kegelbahn, um zu kegeln.)

**(d)** Er tanzt *in der* Forellenbar.

(Er geht *in die* Forellenbar, um zu tanzen.)

**(e)** Er ißt ein Eis *auf der* Terrasse.

(Er geht *auf die* Terrasse, um ein Eis zu essen.)

**(f)** Er telefoniert *in der* Telefonzelle.

(Er geht *in die* Telefonzelle, um zu telefonieren.)

**(g)** Er ißt *im* Eßsaal.

(Er geht *in den* Eßsaal, um zu essen.)

**(h)** Er holt seinen Schlüssel *am* Empfangstisch.

(Er geht *an den* Empfangstisch, um seinen Schlüssel zu holen.)

**(i)** Er sieht *im* Fernsehraum fern.

(Er geht *in den* Fernsehraum, um fernzusehen.)

## Wortschatz

| | | |
|---|---|---|
| die Karte (–n) | das Glas (–̈er) | spielen |
| | das Bier | trinken |
| | | kegeln |
| | | tanzen |
| | | holen |
| | | **fern**sehen (sieht fern) |

## Fragen

Stell' dir mal vor, daß du ein Gast im Hotel bist! Beantworte die folgenden Fragen:

1. Wohin gehst du, um deinen Schlüssel zu holen?
2. Was machst du im Eßsaal?
3. Wo telefonierst du?
4. Wohin gehst du, um zu tanzen?
5. Was machst du in der Gaststube?
6. Wozu gehst du ins Klubzimmer?
7. Gehst du in die Telefonzelle, um zu kegeln?
8. Was machst du im Fernsehraum?
9. Telefonierst du in der Forellenbar und tanzt du in der Telefonzelle?
10. Wozu gehst du auf die Terrasse?
11. Wohin gehst du, um zu telefonieren?
12. Wohin gehst du, um fernzusehen?
13. Was spielst du im Klubzimmer?
14. In welchem Zimmer siehst du fern?
15. Wozu gehst du in die Gaststube?
16. Wohin gehst du, um zu essen?
17. Was machst du am Empfangstisch?
18. Wohin gehst du, um zu tanzen?
19. Wo spielst du Karten?
20. Gehst du in den Eßsaal, um Karten zu spielen?
21. Wo ißt du ein Eis?
22. Was holst du am Empfangstisch?

## C. Heute hat Willi viel vor

(a) Zuerst frühstückt er im Eßsaal.
Nach dem Frühstück geht er in die Kegelbahn.
Dort kegelt er mit einem Freund.
Dann trinkt er ein Glas Bier in der Gaststube.
Danach telefoniert er in der Telefonzelle.
Anschließend geht er in den Eßsaal, um zu Mittag zu essen.
Nach dem Mittagessen spielt er Karten mit drei Freunden im Klubzimmer.
Gleich darauf geht er auf die Terrasse, um ein Eis zu essen.
Danach schläft er ein bißchen in seinem Schlafzimmer.
Etwas später geht er wieder in den Eßsaal, um zu Abend zu essen.
Nach dem Abendessen sieht er im Fernsehraum fern.
Um etwa neun Uhr geht er in die Forellenbar, um zu tanzen.
Drei Stunden später holt er seinen Schlüssel am Empfangstisch.
Schließlich geht er ins Bett.

### Wortschatz

| | | |
|---|---|---|
| das Frühstück | frühstücken | nach dem Frühstück |
| das Mittagessen | zu Mittag essen (ißt zu Mittag) | nach dem Mittagessen |
| das Abendessen | zu Abend essen (ißt zu Abend) | nach dem Abendessen |
| | | |
| danach | zuerst | um etwa neun Uhr |
| gleich darauf | dann | schließlich |
| etwas später | anschließend | zum ersten Mal |
| drei Stunden später | dort | |

(b) Willi frühstückt, *bevor* er in die Kegelbahn *geht*.
Er kegelt mit einem Freund, *bevor* er ein Glas Bier *trinkt*.
Er trinkt ein Glas Bier, *bevor* er in die Telefonzelle *geht*.

## Fragen

1. Wann telefoniert Willi? (Bevor er...)
2. Wann geht er zum zweiten Mal in den Eßsaal?
3. Wann ißt er zu Mittag?
4. Wann spielt er Karten im Klubzimmer?
5. Wann geht er auf die Terrasse?
6. Wann ißt er sein Eis?
7. Wann schläft er ein bißchen in seinem Schlafzimmer?
8. Wann ißt er zu Abend?
9. Wann sieht er fern?
10. Wann holt er seinen Schlüssel?

# Lektion 18
## Vergleiche

**A.**

Herr Fiedler ist größer als seine Frau, aber nicht so groß wie sein Sohn.

Renate ist kleiner als ihr Bruder, aber nicht so klein wie ihre Schwester.

Paul ist das größte Mitglied der Familie, und Maria ist das kleinste.

**Merke!**

Ich bin größer als du.
Du bist kleiner als ich.

**B.**

Herr Fiedler ist 50 Jahre alt.
Frau Fiedler ist 48 Jahre alt.
Paul ist 24 Jahre alt.
Renate ist 19 Jahre alt.
Maria ist 15 Jahre alt.

Renate ist älter als Maria, aber nicht so alt wie Paul.
Sie ist jünger als Paul, aber nicht so jung wie Maria.

Herr Fiedler ist das älteste Mitglied der Familie, und Maria ist das jüngste.

**Merke!**

Ich bin älter als du.
Du bist jünger als ich.

## C.

Herr Fiedler ist zwei Jahre älter als seine Frau.
Paul ist fünf Jahre älter als seine Schwester Renate und neun Jahre älter als seine Schwester Maria.

Frau Fiedler ist zwei Jahre jünger als ihr Mann.
Renate ist fünf Jahre jünger als ihr Bruder Paul.
Maria ist vier Jahre jünger als ihre Schwester Renate.

### Wortschatz

der Vergleich (–e)   die Geschwister (pl)   das Mitglied (–er)

dick/dünn/schlank
mittelgroß

## Fragen

I
1. Ist Paul kleiner als Renate?
2. Ist Frau Fiedler so groß wie ihr Mann?
3. Ist Frau Fiedler das älteste Mitglied der Familie?
4. Ist Renate jünger als ihre Schwester?
5. Ist Renate älter als ihr Bruder?
6. Ist Maria größer als ihr Vater?
7. Wer ist am größten in der Familie Fiedler?
8. Wer ist am kleinsten?
9. Wer ist am ältesten?
10. Wer ist am jüngsten?

II Answer the questions that apply to you:
1. Wie alt bist du?
2. Wann bist du geboren?
3. Bist du klein oder groß?
4. Was für Haar hast du?
5. Was für Augen hast du?
6. Ist dein Haar länger oder kürzer als das Haar deiner Schwester/deines Bruders?
7. Bist du dick oder schlank?
8. Bist du so dick wie dein Vater?
9. Bist du kleiner oder größer als dein Vater?
10. Bist du so groß wie deine Mutter?
11. Wie viele Geschwister hast du?
12. Hast du sechs Brüder und sechs Schwestern?
13. Was trägst du gewöhnlich in der Schule?
14. Was trägst du gewöhnlich zu Hause?

# Lektion 19
# Herr Fiedler und Paul

### (a) Herr Fiedler

Walther Fiedler ist 50 Jahre alt und ist am zweiten September geboren. Er ist ziemlich dick und nicht sehr groß. Er hat dunkles Haar, braune Augen und einen Schnurrbart. Er ist immer sehr freundlich und im Dorf sehr bekannt.

Abends ist er meistens im Hotel. Oft serviert er an der Bar, unterhält sich mit seinen Freunden und lernt die Gäste kennen.

Er hat zwei VW Busse – einen weißen, Max, und einen grauen, Moritz, und im Sommer macht er viele Rundfahrten für die Gäste.

Im Hotel trägt er gewöhnlich einen dunklen Anzug, aber wenn er Rundfahrten macht, trägt er eine grüne Jacke, eine graue Hose, ein kariertes Hemd und manchmal auch einen grünen Hut.

Wenn er Zeit hat, spielt er gern Karten im Klubzimmer oder kegelt mit seinen Freunden.

### (b) Paul

Paul ist groß und hat blaue Augen und blondes Haar. Er ist 24 Jahre alt und ist am sechsten April geboren. Er ist seit einem Jahr verheiratet. Seine Frau heißt Gisela.

Er hat das Fotogeschäft am Dorfplatz. Er wohnt mit seiner Frau in einer Wohnung über dem Fotogeschäft.

Im Sommer macht er Rundfahrten mit einem der zwei VW Busse. Abends hilft er im Hotel, und er serviert manchmal an der Bar.

Er läuft gut Ski. Im Winter ist er Skilehrer. (Er gibt Skiunterricht.)

Gewöhnlich fährt Herr Fiedler den weißen VW Bus.
Der weiße VW Bus heißt Max.

Gewöhnlich fährt Paul den grauen VW Bus. Der graue VW Bus heißt Moritz.

### Wortschatz

| | | |
|---|---|---|
| der Anzug (⸚e) | die Rundfahrt (-en) | das Fotogeschäft (-e) |
| der Bus (-se) | | |
| der Dorfplatz (⸚e) | manchmal/oft | helfen (hilft) |
| der Skiunterricht | | fahren (fährt) |

freundlich/unfreundlich
bekannt/unbekannt
verheiratet/ledig
kariert

### B. Was machen Herr Fiedler und Paul?

(a) *Herr Fiedler*
Er serviert Getränke an der Bar.
Er unterhält sich mit seinen Freunden.
Er lernt die Gäste kennen.
Er macht Rundfahrten für die Gäste.
Er spielt Karten mit seinen Freunden.
Er kegelt.

(b) *Paul*
Er arbeitet im Fotogeschäft.
(Er verkauft Filme, Fotoapparate usw.
Er entwickelt Filme und macht Abzüge und Vergrößerungen davon.)
Er macht Rundfahrten im Sommer.
Er hilft im Hotel.
Er serviert manchmal an der Bar.
Er läuft Ski im Winter.
Er gibt Skiunterricht im Winter.

## Wortschatz

| | | |
|---|---|---|
| der Film (–e) | die Vergrößerung (–en) | das Getränk (–e) |
| der Fotoapparat (–e) | | |
| der Abzug (⸚e) | | |

| | | |
|---|---|---|
| morgens/nachmittags/ abends/nachts | **kennen**lernen (lernt kennen) | servieren |
| | verkaufen | spielen |
| | entwickeln | |
| | laufen (läuft) | |
| | geben (gibt) | |

## Fragen

I
1. Wer hat einen Schnurrbart?
2. Ist Herr Fiedler sehr dick?
3. Hat Herr Fiedler zwei graue VW Busse?
4. Wann macht Herr Fiedler viele Rundfahrten?
5. Wann trägt Herr Fiedler gewöhnlich eine grüne Jacke, eine graue Hose und ein kariertes Hemd?
6. Wann trägt er gewöhnlich einen dunklen Anzug?
7. Wie heißt Pauls Frau?
8. Seit wann ist Paul verheiratet?
9. Wann hilft Paul im Hotel?
10. Wo ist Pauls Fotogeschäft?
11. Wohnt Paul im Hotel?
12. Wann gibt Paul Skiunterricht?
13. Wann läuft Paul Ski?
14. Was macht ein Skilehrer?

II Imagine that you are (a) Herr Fiedler
(b) Paul
State at least six things for each that you do:
e.g. Ich...

# Lektion 20
## Wieviel Uhr ist es? (II)

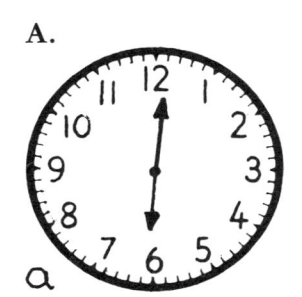

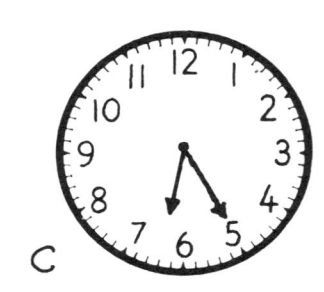

**A.**

a  b  c

(a) Es ist eine Minute nach sechs. (6.01)
(b) Es ist fünf Minuten nach sechs. (6.05)
(c) Es ist fünfundzwanzig Minuten nach sechs. (6.25)

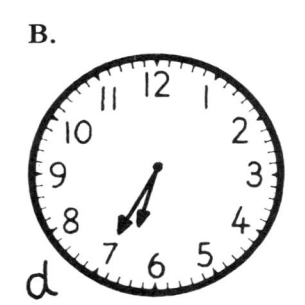

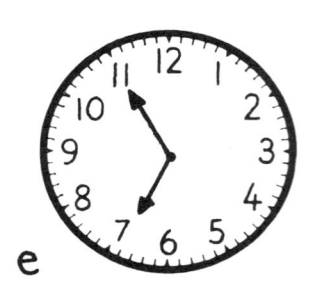

**B.**

d  e  f

(d) Es ist fünfundzwanzig Minuten vor sieben. (6.35)
(e) Es ist fünf Minuten vor sieben. (6.55)
(f) Es ist eine Minute vor sieben. (6.59)

**Wieviel Uhr ist es?**

1. 8.01.
2. 7.59.
3. 5.25.
4. 5.35.
5. 3.20.
6. 4.40.
7. 5.14.
8. 2.56
9. 10.23.
10. 11.37.
11. 2.17.
12. 12.01.

## C. Sekunden, Minuten, Stunden

(a) Eine Minute hat sechzig Sekunden.
　　Eine Stunde hat sechzig Minuten.
　　Ein Tag hat vierundzwanzig Stunden.
　　Eine Woche hat sieben Tage.

(b) Ein Jahr hat zweiundfünfzig Wochen.
　　Ein Jahr hat zwölf Monate.
　　Ein Jahr hat gewöhnlich 365 Tage.
　　Ein Schaltjahr hat 366 Tage.
　　Ein Jahr hat vier Jahreszeiten.

(c) Ein Jahrhundert hat hundert Jahre.

### Wortschatz

| der Tag (–e) | die Sekunde (–n) | das Jahr (–e) |
| der Monat (–e) | die Minute (–n) | das Schaltjahr (–e) |
| | die Stunde (–n) | das Jahrhundert (–e) |
| | die Woche (–n) | |
| | die Jahreszeit (–en) | |

## Fragen

1. Hat eine Woche neun Tage?
2. Wie viele Sekunden haben zwei Minuten?
3. Wie viele Minuten haben drei Stunden?
4. Wie viele Tage hat Februar gewöhnlich?
5. Und in einem Schaltjahr?
6. Wie viele Tage hat eine Woche?
7. Wie heißen sie?
8. Wie viele Monate hat ein Jahr?
9. Wie heißen sie?
10. Was sind die vier Jahreszeiten?

# Lektion 21
# Wann und warum?

**A. Wann?**
Man ißt, wenn man hungrig ist.
Man trinkt, wenn man durstig ist.
Man schläft, wenn man schläfrig ist.
Man ruht sich aus, wenn man müde ist.

**Wortschatz**

hungrig
durstig
schläfrig
müde

sich **aus**ruhen (ruht sich aus)

**Fragen**

1. Trinkt man, wenn man hungrig ist?
2. Ißt man, wenn man durstig ist?
3. Schläft man, wenn man hungrig ist?
4. Ruht man sich aus, wenn man durstig ist?
5. Was machst du, wenn du hungrig bist?
6. Was machst du, wenn du durstig bist?
7. Was machst du, wenn du schläfrig bist?
8. Was machst du, wenn du müde bist?
9. Wann ißt du?
10. Wann schläfst du?
11. Wann trinkst du?
12. Wann ruhst du dich aus?

**B. Willi Schmidt** (Fortsetzung)
(a) *Warum?*
Willi will telefonieren. Er geht in die Telefonzelle.
Er geht in die Telefonzelle, weil er telefonieren will.

Er will Karten spielen. Er geht ins Klubzimmer.
Er geht ins Klubzimmer, weil er Karten spielen will.

Er will fernsehen. Er geht in den Fernsehraum.
Er geht in den Fernsehraum, weil er fernsehen will.

## Fragen

I  1. Geht er in die Telefonzelle, weil er fernsehen will?
2. Geht er ins Klubzimmer, weil er telefonieren will?
3. Geht er in den Fernsehraum, weil er Karten spielen will?
4. Warum geht er auf die Terrasse?
5. Warum geht er an den Empfangstisch?
6. Warum geht er in den Eßsaal?
7. Warum geht er in die Gaststube?
8. Warum geht er in die Kegelbahn?

II  *Beispiel:* Ich gehe ins Eßzimmer, weil ich essen will.
1. Warum gehst du ins Wohnzimmer?
2. Warum gehst du ins Schlafzimmer?
3. Warum gehst du in die Küche?
4. Warum gehst du ins Badezimmer?

III *Beispiel:* Die Gäste im Hotel gehen an den Empfangstisch, weil sie ihre Schlüssel holen wollen.
1. Warum gehen sie in die Kegelbahn?
2. Warum gehen sie ins Klubzimmer?
3. Warum gehen sie in den Fernsehraum?
4. Warum gehen sie in den Eßsaal?

(b) *Wann?*
Wenn die Gäste ihre Schlüssel holen wollen, gehen sie an den Empfangstisch.
Wenn sie telefonieren wollen, gehen sie in die Telefonzelle.
Wenn sie ein Eis essen wollen, gehen sie auf die Terrasse.

## Fragen

*Beispiel:* Wenn die Gäste telefonieren wollen, gehen sie auf die Terrasse. Richtig oder falsch? (Falsch. Wenn die Gäste telefonieren wollen, gehen sie in die Telefonzelle.)

1. Wenn die Gäste kegeln wollen, gehen sie ins Klubzimmer. Richtig oder falsch?
2. Wenn die Gäste frühstücken wollen, gehen sie an den Empfangstisch. Richtig oder falsch?
3. Wenn die Gäste ein Glas Bier trinken wollen, gehen sie in die Telefonzelle. Richtig oder falsch?
4. Wenn die Gäste zu Mittag essen wollen, gehen sie in den Eßsaal. Richtig oder falsch?
5. Wenn die Gäste Karten spielen wollen, gehen sie in die Forellenbar. Richtig oder falsch?
6. Wenn die Gäste fernsehen wollen, gehen sie auf die Terrasse. Richtig oder falsch?

## Wortschatz

richtig/falsch

# Lektion 22

## Was spielt man?

**A.**
Andrew und seine Schwester Susan treiben sehr gern Sport. Andrew spielt gern Cricket und Fußball. Susan spielt gern Tennis und Hockey. Beide spielen gern Tischtennis.

Andrew spielt Fußball im Winter. Im Sommer spielt er Cricket.

Susan spielt Hockey im Winter. Im Sommer spielt sie Tennis.

Beide spielen Tischtennis im Winter und im Sommer.

### Wortschatz

| | |
|---|---|
| im Sommer | im Frühling |
| im Winter | im Herbst |

Sport treiben
spielen

| | | |
|---|---|---|
| Fußball | Tischtennis | Schach |
| Cricket | Rugby | Karten |
| Hockey | Golf | |
| Tennis | Federball (Badminton) | |
| Leichtathletik | | |

### Merke!
Man **treibt** Leichtathletik.

## B.
Man spielt Fußball mit einem großen, runden, ledernen Ball.
Man spielt Rugby mit einem großen, ovalen, ledernen Ball.

Man spielt Hockey mit einem harten, weißen Ball.
Man spielt Cricket mit einem harten, roten Ball.

Man spielt Tennis mit einem weißen, weichen Ball.
Man spielt Tischtennis mit einem kleinen, leichten, weißen Ball.

### Wortschatz

| | | |
|---|---|---|
| der Ball (¨e) | die Tennisspielerin (–nen) | rund/viereckig |
| der Tennisspieler (–) | | oval |
| | leicht/schwer | |
| benutzen | hart/weich | ledern |

## Fragen

I
1. Was spielt Andrew gern?
2. Was spielt Susan gern?
3. Was spielst du gern?
4. Ist ein Fußball klein und oval?
5. Wie ist ein Rugbyball? (Er ist...)
6. Wie ist ein Tischtennisball?
7. Wie ist ein Hockeyball?
8. Wie ist ein Tennisball?
9. Wie ist ein Cricketball?
10. Wie ist ein Golfball?

II
1. Spielt man Cricket gewöhnlich mit einem weichen, weißen Ball?
2. Spielt man Fußball gewöhnlich mit einem kleinen, roten Ball?
3. Wann spielt man gewöhnlich Cricket in England?
4. Wann spielt man gewöhnlich Fußball in England?
5. Womit spielt man Tischtennis?
6. Mit was für einem Ball spielt man Hockey?

III

Andrew benutzt verschiedene Bälle, wenn er Fußball, Rugby, Cricket und Tischtennis spielt. Er hat einen großen, ovalen, einen harten, roten, einen großen, runden und einen kleinen, weißen Ball.

1. Benutzt er den großen, ovalen Ball, wenn er Fußball spielt?
2. Welchen Ball benutzt er, wenn er Cricket spielt?
3. Was spielt er mit dem großen, runden Ball?
4. Welchen Ball benutzt er, wenn er Tischtennis spielt?
5. Was spielt er mit dem harten, roten Ball?
6. Welchen Ball benutzt er, wenn er Rugby spielt?
7. Mit welchem Ball spielt er Cricket?
8. Mit welchem Ball spielt er Tischtennis?
9. Mit welchem Ball spielt er Fußball?
10. Mit welchem Ball spielt er Rugby?

**Aufgabe** (Wiederholung)

Complete the following statements using adjectives with the articles of clothing:

1. Wenn ich in der Schule bin, trage ich...
2. Wenn ich zu Hause bin, trage ich...
3. Wenn ich Fußball (Hockey) spiele, trage ich...
4. Wenn ich Tennis spiele, trage ich...

## C. Das Bachmann Quartett

Abends spielt das Bachmann-Quartett in der Forellenbar. Das Quartett besteht aus vier Personen:

Toni spielt Klavier und Ziehharmonika.
Heinz spielt Violine (Geige) und Kontrabaß.
Willi spielt Klarinette, Flöte und Schlagzeug.
Udo spielt Trompete, Posaune und Saxophon.
Alle spielen Gitarre.

**Wortschatz**

das Quartett (–e)
das Instrument (–e)

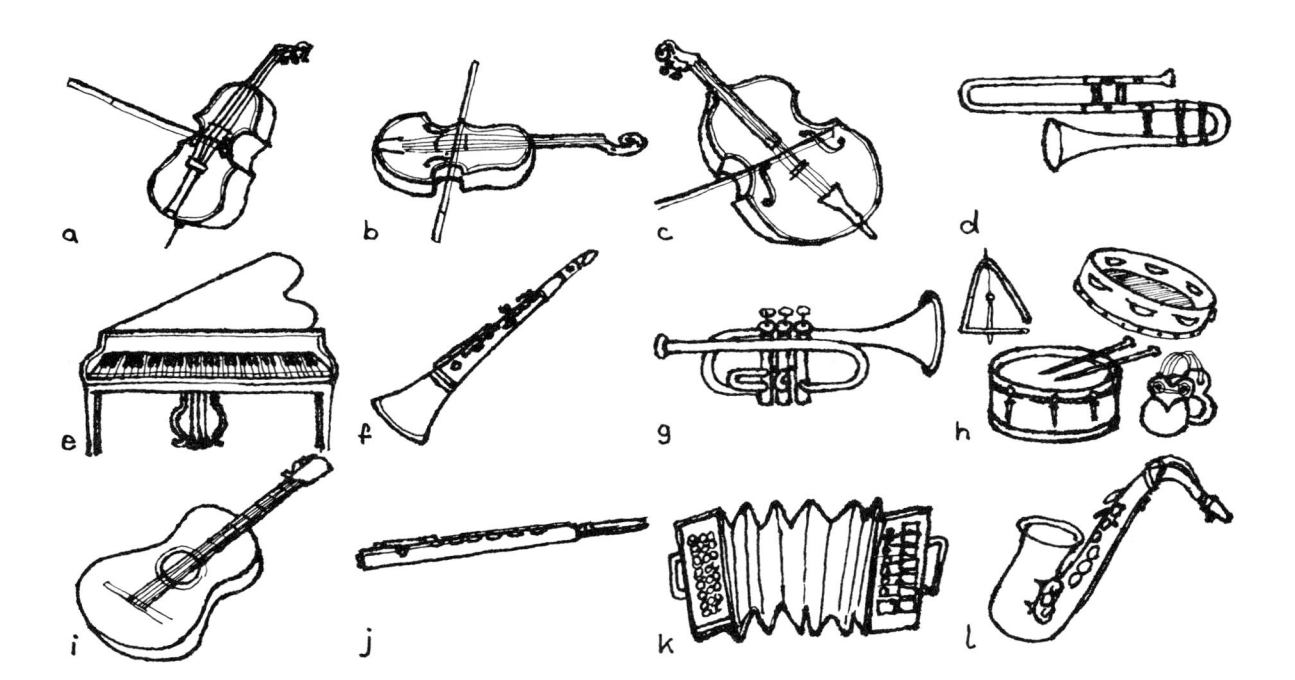

## Wortschatz

der Kontrabaß (–bässe)
der Flügel (–)
das Saxophon (–e)
das Cello (–s)
das Schlagzeug (–e)
das Klavier (–e)
die Violine (–n)
die Geige (–n)
die Posaune (–n)
die Klarinette (–n)
die Trommel (–n)
die Ziehharmonika (–s)
die Flöte (–n)
die Blockflöte (–n)
die Bratsche (–n) [die Viola (–en)]
die Trompete (–n)
die Gitarre (–n)

## Was ist das?

(a) Das ist ein Cello.
(b) Das its eine Violine
(c) Das ist ein Kontrabaß
(d) Das ist eine Posaune
(e) Das ist ein Flügel
(f) Das ist eine Klarinette
(g) Das ist eine Trompete
(h) Das ist ein Schlagzeug
(i) Das ist eine Gitarre.
(j) Das ist eine Flöte
(k) Das ist eine Ziehharmonika
(l) Das ist ein Saxophon

## Fragen

1. Spielst du ein Instrument? Welches?
2. Wo spielt das Bachmann-Quartett?
3. Aus wie vielen Personen besteht ein Quartett?
4. Aus wie vielen Personen besteht ein Trio?
5. Maria Fiedlers Familie besteht aus fünf Personen – aus Maria, aus ihrem Vater, ihrer Mutter, ihrem Bruder und ihrer Schwester. Aus wie vielen Personen besteht deine Familie? Aus wie vielen Personen besteht deine Familie?
6. Welche Instrumente spielt Toni?
7. Spielt Udo Klarinette und Flöte?
8. Wer spielt Geige und Kontrabaß?

## Aufgabe

Draw and name 8 musical instruments!

# Lektion 23
# Frau Fiedler, Maria und Renate

**(a) Frau Fiedler**
Helga Fiedler ist 48 Jahre alt. Sie ist in Garmisch geboren. Sie ist vollschlank, schick, und sie hat braunes Haar.

Im Hotel hat sie immer viel zu tun – sie beaufsichtigt das Personal, empfängt die Gäste, arbeitet im Büro und muß immer viel telefonieren. Sie ist eine gute Geschäftsfrau, und sie ist energisch und fleißig.

Musik hat sie gern, und sie singt in einem Chor. Im Winter läuft sie gern Ski, aber sie hat nicht mehr viel Zeit dafür, da das Hotel gewöhnlich voll ist.

Sie hat einen weißen VW, und besonders im Frühling und im Herbst, wenn sie mehr Zeit hat, fährt sie nach Garmisch, um Freundinnen zu besuchen. Von Zeit zu Zeit fährt sie nach München, wenn sie ins Theater gehen will.

**(b) Maria**
Maria ist 15 Jahre alt und hat am achten Oktober Geburtstag. Sie ist zierlich, klein und hat dunkles Haar.

Jeden Tag, außer Sonntag, fährt sie mit dem Bus nach Garmisch. Dort besucht sie das Gymnasium. Sie liest viel, und in der Schule hat sie Sprachen besonders gern. (Sie lernt Englisch und Latein seit vier und Französisch seit zwei Jahren.)

Wie ihre Mutter ist sie musikalisch. Sie spielt gut Gitarre, und sie hat eine schöne Stimme. Beatmusik hat sie auch gern, und sie hört oft ihre vielen Platten. Am Wochenende geht sie manchmal zu einem Jugendklub im Dorf. Im Sommer badet sie gern im Freibad, und oft fährt sie nach Garmisch, wo sie Mitglied eines Tennisklubs ist.

**(c) Renate**
Renate ist 19 Jahre alt. Sie ist groß, schlank und hübsch. Sie hat schwarzes Haar. Seit einem Jahr besucht sie eine Hotelfachschule in München. Dort lernt sie alles über die Arbeit im Hotel. Während der Ferien wohnt sie gewöhnlich in Biberswald. Sie tanzt gern und geht gern ins Theater oder ins Kino.

### Merke!

Man geht ins Kino, um einen Film zu sehen.
Man geht ins Theater, um ein Schauspiel zu sehen.

### Wortschatz

| | | |
|---|---|---|
| der Geschäftsmann (–leute) | die Geschäftsfrau (–en) | das Gymnasium (–en) |
| der Geburtstag (–e) | die Musik | das Kino (–s) |
| der Chor (⸚e) | klassische Musik | das Theater (–) |
| der Jugendklub (–s) | die Beatmusik | das Schauspiel (–e) |
| | die Schule (–n) | das Freibad (⸚er) |
| vollschlank | die Volksschule (–n) | |
| schick | die Mittelschule (–n) | |
| energisch | die Gesamtschule (–n) | |
| fleißig | die Hotelfachschule (–n) | beaufsichtigen |
| langsam/schnell | die Sprache (–n) | empfangen (empfängt) |
| | die Arbeit | singen |
| | die Stimme (–n) | besuchen |
| schön/hübsch/häßlich | die Freizeit | baden |
| zierlich | die Ferien (pl) | **aus**sehen (sieht aus) |
| musikalisch/unmusikalisch | | |

### Fragen

I
1. Ist Renate klein und dick?
2. Wie sieht Frau Fiedler aus?
3. Wie siehst du aus?
4. Was für einen Wagen hat Frau Fiedler?
5. Hast du einen Wagen? – Was für einen?
6. Besuchst du eine Volksschule?
7. Seit wann besuchst du deine Schule?
8. Seit wann lernst du Deutsch?
9. Wozu besucht Renate die Hotelfachschule in München?
10. Was macht Renate gern in ihrer Freizeit?
11. Wann wohnt Renate in Biberswald?
12. Wozu geht man ins Freibad?
13. Wozu gehst du ins Kino?
14. Was sieht man gewöhnlich in einem Theater?
15. Bist du musikalisch? Spielst du ein Instrument und singst du in einem Chor?
16. Was machst du gewöhnlich am Wochenende?

II Imagine that you are (a) Frau Fiedler
(b) Maria.
State at least six things for each that you do.
e.g. Ich...

### Aufgaben

(a) Write essays on:
 (i) Ich
 (ii) Meine Familie.
(b) Be ready to say a few words in German about yourself and your family.

# Lektion 24
Vor dem Frühstück

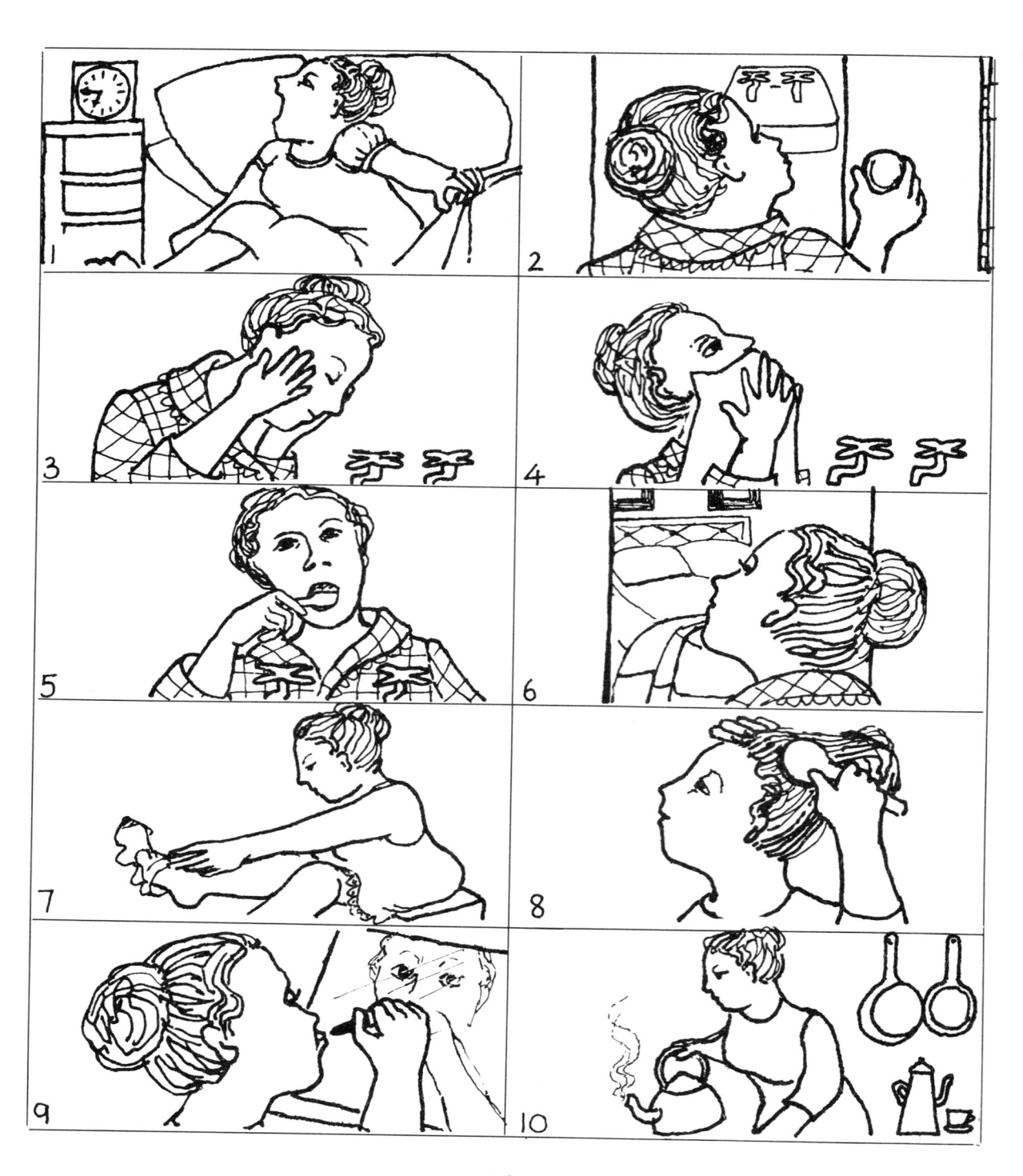

**Was macht Frau Fiedler jeden Morgen, bevor sie frühstückt?**

Sie steht um etwa Viertel vor sieben auf.
Sie geht ins Badezimmer.
Sie wäscht sich.
Sie trocknet sich ab.
Sie putzt sich die Zähne.

Sie geht ins Schlafzimmer zurück.
Sie zieht sich an.
(d.h. – Sie zieht ihre Bluse, ihren Rock, ihre Wolljacke, ihre Strumpfhose und ihre Schuhe an.)

Sie setzt sich an ihren Toilettentisch.
Sie kämmt sich das Haar.
Sie bürstet sich das Haar.
Sie trägt ihr Make-up auf.

Sie geht in die Küche.
Sie bereitet das Frühstück.

### Merke!

(a) Frau Fiedler setzt sich an den Toilettentisch, um ihr Make-up aufzutragen.
Sie trägt ihr Make-up auf, während sie am Toilettentisch sitzt.
(b) Gewöhnlich steht Herr Fiedler eine Viertelstunde später als seine Frau auf.
Er rasiert sich im Badezimmer.

### Wortschatz

| | |
|---|---|
| der Zahn (¨e) | das Frühstück |
| der Grund (¨e) | das Wort (–e) and (¨er) |
| der Morgen (–) | |

sich setzen (setzt sich)
sitzen
Make-up **auf**tragen (trägt auf)
bürsten
kämmen
bereiten
frühstücken

**auf**stehen (steht auf)
sich **ab**trocknen (trocknet sich ab)
putzen
sich **an**ziehen (zieht sich an)
sich **aus**ziehen (zieht sich aus)
**an**ziehen (zieht an)
**aus**ziehen (zieht aus)

spät/früh
heute

### Merke!

Ich putze **mir** die Zähne.
Du putzt **dir** die Zähne.

73

## Fragen

I
1. Um wieviel Uhr steht Frau Fiedler auf?
2. Um wieviel Uhr steht Herr Fiedler auf?
3. Um wieviel Uhr stehst du in der Woche auf?
4. Und am Sonntag?
5. In welchem Zimmer wäscht sich Frau Fiedler?
6. Welche vier Sachen macht Herr Fiedler im Badezimmer?
7. Welche drei Sachen machst du im Badezimmer?
8. Zieht sich Frau Fiedler im Badezimmer an?
9. Wo sitzt Frau Fiedler, während sie ihr Make-up aufträgt?
10. Wo bereitet Frau Fiedler das Frühstück?

II
1. Wozu geht Herr Fiedler ins Badezimmer? (3 Gründe)
2. Wozu geht Frau Fiedler ins Schlafzimmer zurück?
3. Heute macht Herr Fiedler eine Rundfahrt. Was zieht er an?
4. Was ziehst du jeden Morgen an?
5. Wozu setzt sich Frau Fiedler an ihren Toilettentisch? (3 Gründe)
6. Wozu geht Frau Fiedler in die Küche?
7. Wohin gehst du, um dich anzuziehen?
8. Wohin gehst du, um zu frühstücken?

III Sage mit anderen Worten:
1. Um mich zu waschen. (Weil ich...)
2. Um mir die Zähne zu putzen.
3. Um mich abzutrocknen.
4. Um mich anzuziehen.
5. Um mir das Haar zu kämmen und zu bürsten.
6. Um zu frühstücken.

## Aufgabe

Say or write what you do every morning before you have breakfast. Begin some of your statements with the following:
zuerst; dann; anschließend; danach; dort; etwas später; schließlich.

Start your account with, for example:
Jeden Morgen (Jeden Morgen außer Samstag und Sonntag) stehe ich um etwa ... auf.

# Lektion 25

## Im Badezimmer und im Schlafzimmer

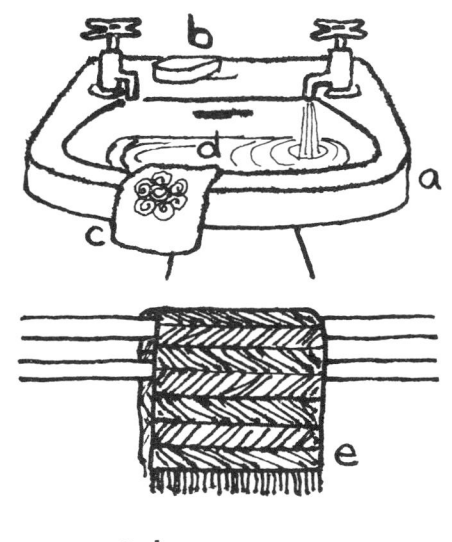

**Im Badezimmer**

**A.**
(a) Das ist ein Waschbecken.
(b) Das ist ein Stück Seife.
(c) Das ist ein Waschlappen.
(d) Das ist Wasser.

(e) Das ist ein Handtuch.

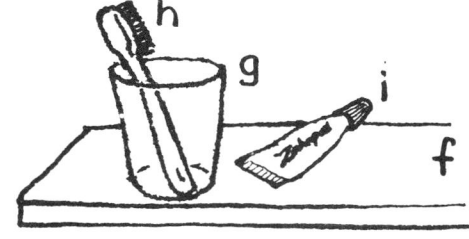

(f) Das ist ein Brett.
(g) Das ist ein Glas.
(h) Das ist eine Zahnbürste.
(i) Das ist eine Tube Zahnpasta.

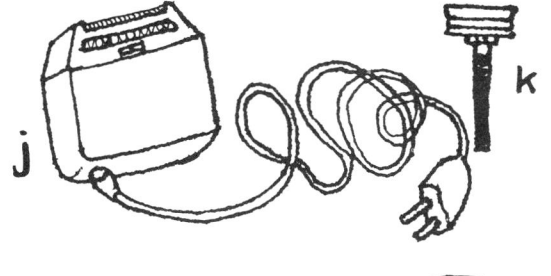

(j) Das ist ein elektrischer Rasierapparat.
(k) Das ist ein gewöhnlicher Rasierapparat.

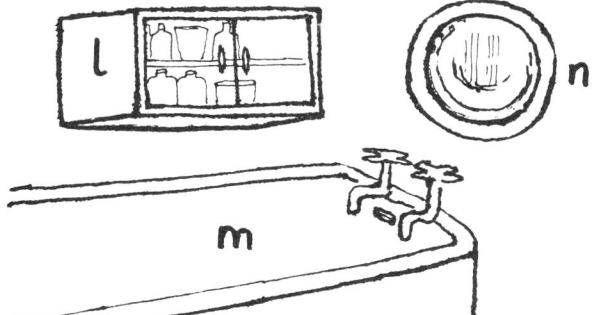

(l) Das ist ein Toilettenschrank.
(m) Das ist eine Badewanne.
(n) Das ist ein Spiegel.

**Wortschatz**

| | | |
|---|---|---|
| der Waschlappen (–) | die Seife (Seifenstücke) | das Waschbecken (–) |
| der Rasierapparat (–e) | die Zahnbürste (–n) | das Stück |
| der Toilettenschrank (⸚e) | die Zahnpasta | das Wasser (–) |
| der Spiegel (–) | die Badewanne (–n) | das Handtuch (⸚er) |
| | | das Brett (–er) |
| | | das Glas (⸚er) |

**B.**

Herr Fiedler benutzt ein Stück Seife und einen Waschlappen, um sich zu waschen.

Er benutzt ein Handtuch, um sich abzutrocknen.

Er benutzt einen elektrischen Rasierapparat, um sich zu rasieren.

Er benutzt eine Zahnbürste und Zahnpasta, um sich die Zähne zu putzen.

**C.**

Er wäscht sich mit einem Stück Seife und einem Waschlappen.

Er trocknet sich mit einem Handtuch ab.

Er rasiert sich mit einem elektrischen Rasierapparat.

Er putzt sich die Zähne mit einer Zahnbürste und Zahnpasta.

**D. Im Schlafzimmer**

**Wortschatz**

(a) der Nachttisch (–e)
(b) der Kleiderschrank (⸚e)
(c) der Hocker (–)
(d) der Toilettentisch (–e)
(e) der Kamm (⸚e)

(f) die Haarbürste (–n)

(g) das Doppelbett (–en)
 [das Einzelbett (–en)]

heiß/kalt
wahrscheinlich

## Fragen

I
1. Was siehst du in Frau Fiedlers Schlafzimmer?
2. Wo sind die Lampen?
3. Wo sitzt Frau Fiedler?
4. Wo sind die Nachttische?
5. Wo sind die Haarbürste und der Kamm?

## Im Badezimmer

II
1. Was siehst du im Badezimmer?
2. Wo ist das Stück Seife?
3. Wo ist der Waschlappen?
4. Wo ist die Zahnbürste?
5. Wo ist das Wasser?
6. Wo ist die Tube Zahnpasta?
7. Wo genau ist die Zahnpasta?
8. Wo sind der Toilettentisch und das Waschbecken?

III
1. Was benutzt du, um dir die Zähne zu putzen?
2. Benutzt Herr Fiedler einen gewöhnlichen Rasierapparat, um sich zu rasieren?
3. Womit trocknest du dich ab?
4. Was machst du mit einem Kamm?
5. Was benutzt du, um dir das Haar zu kämmen?
6. Putzt du dir die Zähne mit einer grauen Zahnbürste?
7. Wie ist deine Badewanne?
8. Womit bürstet sich Frau Fiedler das Haar?
9. Wozu benutzt du einen Kamm?
10. Womit rasiert sich Herr Fiedler?
11. Wäschst du dich mit einem schwarzen Waschlappen?
12. Was benutzt du, wenn du dir das Haar kämmen willst?
13. Wann benutzt du ein Handtuch?
14. Wann benutzt du eine Zahnbürste?
15. Wäschst du dich lieber mit heißem oder mit kaltem Wasser?
16. Wie ist deine Zahnbürste?
17. Womit schreibst du gewöhnlich?
18. Womit korrigiert dein Lehrer bzw. deine Lehrerin dein Heft?
19. Du hast einen Kamm in der Hand. Was willst du wahrscheinlich damit machen?
20. Du hast eine Zahnbürste in der Hand. Was willst du wahrscheinlich damit machen?

# Lektion 26
## Fahrzeuge

**A. Was ist das?**

(a) Das ist ein Wagen.
(b) Das ist ein Bus.
(c) Das ist ein Zug.
(d) Das ist ein Flugzeug.
(e) Das ist ein Schiff.
(f) Das ist eine U-Bahn.
(g) Das ist ein Fahrrad.
(h) Das ist ein Roller.
(i) Das ist eine Straßenbahn.
(j) Das ist ein Motorrad.

Wagen, Busse, Züge, Flugzeuge usw. sind Fahrzeuge.

**Wortschatz**

der Wagen (–)
der Zug (¨e)
der Roller (–)

die Straßenbahn (–en)
die U-Bahn (–en)
die Fähre (–n)

das Fahrzeug (–e)
das Flugzeug (–e)
das Auto (–s)
das Fahrrad (¨er)
das Motorrad (¨er)
das Schiff (–e)
das Taxi (–s)

**B. Womit fährt man?**

Frau Fiedler fährt gewöhnlich **mit dem Wagen** von Biberswald nach Garmisch, wenn sie einkaufen will.

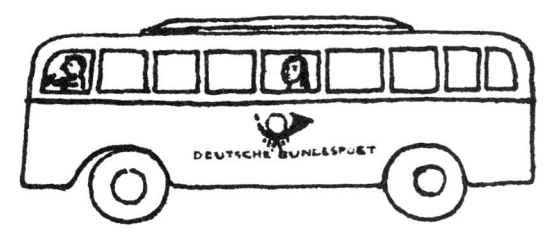

Maria fährt gewöhnlich **mit dem Bus** zur Schule nach Garmisch.

Am Anfang des Semesters fährt Renate **mit dem Zug** von Garmisch nach München, um dort zu studieren.

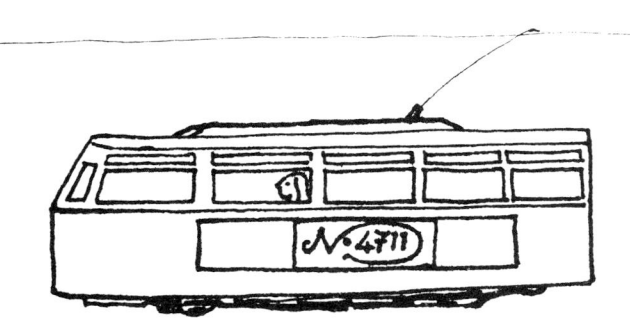

Während des Semesters fährt Renate gewöhnlich **mit der Straßenbahn** zur Stadtmitte, um in der Hotelfachschule zu studieren.

In Biberswald **geht** Gisela, Pauls Frau, **zu Fuß**, wenn sie einkauft.

### Wortschatz

| | | |
|---|---|---|
| studieren | die Stadtmitte (–n) | das Semester (–) |
| **ein**kaufen (kauft ein) | | das Trimester (–) |

mit dem Wagen
mit dem Bus    mit der Straßenbahn    mit dem Fahrrad
mit dem Zug    mit der U-Bahn    mit dem Motorrad
mit dem Roller    mit der Fähre    mit dem Flugzeug
                                                                 mit dem Schiff
                                                                 mit dem Taxi

## C. Wo wartet man?

Man wartet auf einen Bus oder eine Straßenbahn an einer Haltestelle.

Man wartet auf einen Zug auf einem Bahnsteig im Bahnhof.

Man wartet auf ein Schiff in einem Hafen.

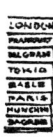

Man wartet auf ein Flugzeug in einem Flughafen.

**Wortschatz**

| | | |
|---|---|---|
| der Bahnhof (¨-e) | die Haltestelle (–n) | warten auf |
| der Bahnsteig (–e) | die Arbeit | erreichen |
| der Hafen (¨) | | |
| der Flughafen (¨) | | entweder . . . oder |

**Fragen**

I  1. Wohnt Frau Fiedler in München?
   2. Wohin fährt sie, wenn sie einkaufen will?
   3. Wo kauft Gisela gewöhnlich ein?
   4. Wo ist Marias Schule?
   5. Wo ist Renates Hotelfachschule?
   6. Wann ist Renate in München?
   7. Wann ist Renate in Biberswald?
   8. Nenne acht Fahrzeuge!
   9. Womit fährt dein Vater zur Arbeit?
 10. Womit fährt man von England nach Deutschland?

II  1. Fährt Frau Fiedler gewöhnlich mit dem Bus nach Garmisch oder fährt sie mit dem Wagen?
   2. Womit fährt Maria zur Schule?
   3. Fährt Renate gewöhnlich mit dem Bus von Garmisch nach München, um dort zu studieren?
   4. Fährt Gisela mit dem Fahrrad, wenn sie in Biberswald einkaufen will?
   5. Womit fährt Renate gewöhnlich zur Hotelfachschule?
   6. Fährst du zur Schule oder gehst du gewöhnlich zu Fuß dahin?
   7. Womit fährst du zur Schule?
   8. Fährt dein Vater zur Arbeit oder geht er zu Fuß dahin?

III  1. Wo wartet man gewöhnlich auf einen Zug?
   2. Wartet man gewöhnlich auf ein Schiff in einem Flughafen?
   3. Wo wartet man gewöhnlich auf einen Bus?
   4. Wartet man gewöhnlich auf ein Flugzeug in einem Bahnhof?
   5. Was erreicht man gewöhnlich in einem Hafen?
   6. Was erreicht man gewöhnlich an einer Haltestelle?
   7. Was macht man gewöhnlich in einem Bahnhof?
   8. Was erreicht man gewöhnlich in einem Bahnhof?
   9. Was erreicht man gewöhnlich in einem Flughafen?
 10. Was macht man gewöhnlich an einer Haltestelle?

# Lektion 27
# Maria fährt zur Schule

Jeden Tag außer Sonntag geht Maria nach dem Frühstück in ihr Schlafzimmer zurück, um ihre Schulmappe zu holen. Sie verläßt das Hotel schnell und läuft die Straße entlang zur Bushaltestelle. An der Haltestelle wartet sie auf den Bus. Wenn er kommt, steigt sie ein. Ihre Freundin, Ulla, sitzt schon im Bus, und sie fahren zusammen nach Garmisch. Wenn der Bus in Garmisch ankommt, steigen sie aus und gehen die Straße entlang zur Schule.

## Wortschatz

| | | |
|---|---|---|
| die Schulmappe (–n) | das Frühstück | holen |
| die Straße (–n) | das Mittagessen | verlassen (verläßt) |
| | das Abendessen | laufen (läuft) |
| die Straße entlang | | **ein**steigen in (steigt ein) |
| | nach dem Frühstück | **aus**steigen aus (steigt aus) |
| schnell/langsam | nach dem Mittagessen | **um**steigen in (steigt um) |
| | nach dem Abendessen | **an**kommen in (kommt an) |
| | nach der Schule | |
| | nach der Arbeit | |

## Fragen

1. Was macht Maria jeden Tag außer Sonntag nach dem Frühstück?
2. Warum geht sie zur Bushaltestelle?
3. Was holt sie aus ihrem Schlafzimmer?
4. Wie verläßt sie das Hotel?
5. Wohin läuft sie, wenn sie das Hotel verläßt?
6. Wo wartet sie auf den Bus?
7. Wann steigt sie ein?
8. Wer sitzt schon im Bus?
9. Wohin fahren Maria and Ulla?
10. Wann steigen sie aus?
11. Wo steigen sie aus?
12. Wohin gehen sie dann?

## Aufgabe

Say or write what you do after breakfast and how you get to school.

# Lektion 28
# Marias Stundenplan

**A.**
Jeden Tag außer Sonntag fährt Maria mit dem Bus von Biberswald nach Garmisch. Dort besucht sie das Gymnasium.
In Deutschland beginnt die Schule früher als in England. Marias Schule beginnt um acht Uhr. Hier ist ihr Stundenplan:

| Zeit | Montag | Dienstag | Mittwoch | Donnerstag | Freitag | Samstag |
|---|---|---|---|---|---|---|
| 8.00–8.45 | ENGLISCH | LATEIN | PHYSIK | MATHE | LATEIN | CHEMIE |
| 8.45–9.30 | DEUTSCH | MATHE | ENGLISCH | ENGLISCH | MATHE | LATEIN |
| Die erste Pause ||||||||
| 9.45–10.30 | MATHE | CHEMIE | LATEIN | DEUTSCH | PHYSIK | ENGLISCH |
| 10.30–11.15 | MATHE | TURNEN | RELIGION | DEUTSCH | TURNEN | GESCHICHTE |
| Die zweite Pause ||||||||
| 11.30–12.15 | BIOLOGIE | KUNST-ERZIEHUNG | ERDKUNDE | BIOLOGIE | DEUTSCH | DEUTSCH |
| 12.15–13.00 | GESCHICHTE | KUNST-ERZIEHUNG |  | MUSIK | ERDKUNDE |  |
| Die Mittagspause ||||||||
| 13.30–14.15 |  | FRANZÖSISCH |  | SPIELSTUNDE |  |  |
| 14.15–15.00 |  | FRANZÖSISCH |  | SPIELSTUNDE |  |  |
| 15.15–16.00 |  | KOCHEN |  |  |  |  |
| 16.00–16.45 |  | KOCHEN |  |  |  |  |

**B.**

In Marias Schule beginnt die erste Stunde um acht Uhr und endet um Viertel vor neun. Gewöhnlich hat Maria sechs Stunden am Vormittag. Nur am Mittwoch und am Samstag hat sie schon um Viertel nach zwölf frei. Am Dienstag- und am Donnerstagnachmittag hat sie Wahlfächer.

**C.**

In Marias Schule dauert jede Stunde fünfundvierzig Minuten. Die erste Stunde dauert von acht Uhr bis Viertel vor neun und die sechste von Viertel nach zwölf bis ein Uhr.

**D.**

Maria hat Deutsch, Französisch und Englisch besonders gern. Sie hat Französisch lieber als Deutsch, aber am liebsten lernt sie Englisch.

Sie hat viermal in der Woche Englisch. Sie hat es am Montag in der ersten Stunde, am Mittwoch in der zweiten, am Donnerstag in der zweiten und am Samstag in der dritten Stunde.

Am Montag hat sie eine Doppelstunde Mathematik.

### Wortschatz

der Stundenplan (⁼e)    die Stunde (–n)         das Fach (⁼er)
                         die Einzelstunde (–n)   das Pflichtfach (⁼er)
                         die Doppelstunde (–n)   das Wahlfach (⁼er)
                         die Pause (–n)

Mathematik (Mathe)      Geschichte              Handarbeit
Physik                  Erdkunde                Hauswirtschaftslehre
Chemie                  Gemeinschaftskunde      Technisches Zeichnen
Biologie (Bio)          Wirtschaftskunde

Englisch                Musik
Französisch             Religion
Deutsch

Russisch                Kunsterziehung (Zeichnen)
Italienisch
Spanisch                Leibeserziehung (Turnen)
Latein                  Spielstunde

**Merke!**

am Montag
um 10 Uhr

# Fragen

I  1. Wie viele verschiedene Fächer hat Maria in ihrem Stundenplan?
   2. Wie heißen sie?
   3. Welche Sprachen lernst du in deiner Schule?
   4. Hast du Chemie, Physik, Biologie und Mathe in deinem Stundenplan?
   5. Welches Fach hast du am liebsten?
   6. Was spielst du im Sommer, wenn du Spielstunde hast?
   7. Was spielst du im Winter, wenn du Spielstunde hast?
   8. Was spielst du am liebsten?

II  1. Was für eine Schule besuchst du?
    2. Wie viele Stunden hast du jeden Tag in deiner Schule?
    3. Wann beginnt die erste Stunde in deiner Schule?
    4. Wann endet sie?
    5. Welche Stunde beginnt um Viertel vor neun in Marias Schule?
    6. Um wieviel Uhr endet die dritte Stunde in Marias Schule?
    7. Um wieviel Uhr beginnt die erste Pause in Marias Schule?
    8. Wann endet sie?
    9. Wann beginnt die Mittagspause in deiner Schule?
    10. Wann endet sie?
    11. Wann beginnt die letzte Stunde in deiner Schule?
    12. Wann endet sie?

III  1. Wie lange dauert jede Stunde in deiner Schule?
     2. Von wann bis wann dauert die erste Stunde in deiner Schule?
     3. Und die zweite?
     4. Und die Mittagspause?
     5. Und die letzte Stunde?
     6. Wie oft hast du Deutsch in der Woche?
     7. Wie oft hast du Mathe?
     8. Wie oft hast du Turnen in der Woche?

# Aufgaben

(a) Make a copy of your own time-table in German, putting in the subjects you learn, the days of the week and the times of the lessons.

(b) Talk or write in German about your time-table bringing in the following points:
   1. The number of periods you have each day.
   2. How long each period lasts.
   3. What subjects you learn.
   4. Your favourite subject.
   5. What time school begins and ends.
   6. How long your lunch break lasts (from – o'clock until – o'clock) etc.

# Lektion 29
## In der Küche

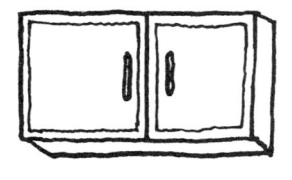

**A.**

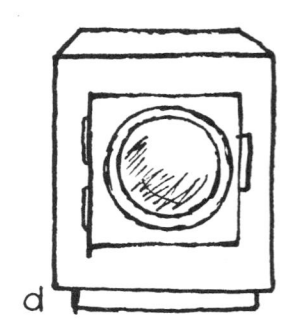

a  b  c  d

(a) Das ist ein Wandschrank.
(b) Das ist ein Gasherd.
(c) Das ist ein Kühlschrank.
(d) Das ist eine Waschmaschine.

**Wortschatz**

der Gasherd (-e)    die Waschmaschine (-n)
der Kühlschrank (¨e)

a  b  c  d  e

(a) Das ist eine Kaffeekanne.
(b) Das ist eine Flasche Milch.
(c) Das ist ein Topf.
(d) Das ist ein Krug.
(e) Das ist ein Tablett.

**Wortschatz**

der Krug (¨e)      die Kaffeekanne (-n)    das Tablett (-e)
der Topf (¨e)      die Flasche (-n)
                   die Milch

## B.

Der Topf und die Kaffeekanne sind in dem Schrank.
Die Flasche Milch ist in dem Kühlschrank.

Frau Fiedler geht in die Küche.
Sie bereitet das Frühstück.
Sie nimmt einen Topf und die Kaffeekanne aus dem Schrank.
Sie nimmt eine Flasche Milch aus dem Kühlschrank.
Sie gießt die Milch in den Topf.
Sie setzt den Topf auf.
Sie macht das Gas an.
Sie kocht die Milch.
Sie kocht auch etwas Kaffee.
Wenn die Milch kocht, gießt sie sie in einen Krug.

### Wortschatz

| | |
|---|---|
| das Gas | nehmen (nimmt) |
| | gießen |
| | **auf**setzen (setzt auf) |
| | **an**machen (macht an) |
| | kochen |

### Fragen

1. Wozu geht Frau Fiedler in die Küche?
2. Was nimmt sie aus dem Schrank?
3. Was nimmt sie aus dem Kühlschrank?
4. Wo genau ist die Milch?
5. Was macht sie mit der Milch?
6. Was macht sie mit dem Topf?
7. Was macht sie mit dem Gas?
8. Wann gießt sie die Milch in den Krug?

### Aufgabe

Imagine you are Frau Fiedler. Explain how you make the drink for breakfast.

## C.

Frau Fiedler stellt den Krug und die Kaffeekanne auf ein Tablett.
Sie trägt es ins Eßzimmer.
Christa, eine der Kellnerinnen, bringt einen Korb frischer Brötchen nach oben.
Sie stellt ihn auf den Tisch.

### Wortschatz

| | | |
|---|---|---|
| der Korb (¨e) | die Kellnerin (–nen) | das Brötchen (–) |
| frisch | | |
| bringen | | |

## Fragen

1. Was macht Frau Fiedler mit dem Krug und der Kaffeekanne?
2. Wohin trägt sie das Tablett?
3. Wer ist Christa?
4. Was bringt sie?
5. Was macht sie mit dem Korb?
6. Wo genau sind die Brötchen?
7. Wie sind die Brötchen?

## D.

Herr Fiedler und Maria kommen ins Eßzimmer.
Sie setzen sich an den Tisch.
Frau Fiedler schenkt den Kaffee ein.
Sie setzt sich auch an den Tisch.
Sie beginnen zu frühstücken.
Sie essen die Brötchen mit Butter, Marmelade oder Honig.
Sie trinken Kaffee.
(Herr Fiedler trinkt schwarzen Kaffee.
Frau Fiedler und Maria trinken Kaffee mit Milch.)
Sie unterhalten sich über den Tag.

### Wortschatz

der Honig          die Marmelade
der Tee
der Kaffee

**ein**schenken (schenkt ein)
beginnen

### Merke!

zum Frühstück
zum Mittagessen
zum Abendessen

## Fragen

1. Herr Fiedler und Maria kommen ins Eßzimmer. Was machen sie dann?
2. Schenkt Maria den Kaffee ein?
3. Was essen die Fiedlers zum Frühstück?
4. Trinkt Herr Fiedler Kaffee mit Milch?
5. Trinkt Maria schwarzen Kaffee?
6. Was machen die Fiedlers, während sie frühstücken?
7. Was trinkst du zum Frühstück?
8. Was siehst du in deiner Küche?

# Lektion 30
# Das Personal (I)

**A.**
Folgende Personen arbeiten auch im Hotel „Bayrisches Tal":
  Fräulein Schneider
  Karl
  Karen und Christa
  Pierre und Michel
  Hanna
  Hansi
  Johann
  Susi
  Zara und Magda.

Fräulein Schneider ist die Empfangsdame.
Sie arbeitet am Empfangstisch. Sie empfängt die Gäste.

Karl ist der Kellner. Karen und Christa sind die Kellnerinnen.
Sie bringen den Gästen das Essen und die Getränke.

Pierre und Michel sind die Köche.
Sie bereiten das Essen zu.

Hanna ist die Küchenhilfe.
Sie hilft den Köchen in der Küche.

Hansi ist der Hotelboy.
Er trägt die Koffer der Gäste nach oben.

Johann ist der alte Nachtportier.
Er paßt während der Nacht im Hotel auf.

Susi ist die Bardame.
Sie serviert Getränke an der Bar.

Zara und Magda sind die Zimmermädchen.
Sie machen die Zimmer im Hotel sauber.

**Wortschatz**

| | | |
|---|---|---|
| der Koch (⸚e) | die Person (–en) | das Zimmermädchen (–) |
| der Kellner (–) | die Empfangsdame (–n) | das Essen (–) |
| der Hotelboy (–s) | die Kellnerin (–nen) | |
| der Nachtportier (–s) | die Bardame (–n) | |
| der Koffer (–) | die Küchenhilfe (–n) | |
| | die Nacht (⸚e) | |

**zu**bereiten (bereitet zu)
**auf**passen (paßt auf)
sauber/schmutzig

## B.

Ein Kellner ist ein Mann, der den Gästen das Essen und die Getränke bringt.

Ein Koch ist ein Mann, der das Essen zubereitet.

Eine Empfangsdame ist eine Frau, die am Empfangstisch arbeitet.

Eine Kellnerin ist eine Frau, die den Gästen das Essen und die Getränke bringt.

## C. Getränke

Kaffee ist ein heißes Getränk.
Tee und Kakao sind heiße Getränke.

Bier ist ein kaltes Getränk.
Wein, Limonade und Coca-Cola sind auch kalte Getränke.

**Wortschatz**

| | | |
|---|---|---|
| der Kaffee | die Limonade | das Getränk (–e) |
| der Tee | die Coca-Cola | das Bier |
| der Kakao | | |
| der Wein (–e) | | |
| der Becher (–) | | |

**Merke!**
ein Glas Bier/zwei Glas Bier.
eine Tasse Kaffee/zwei Tassen Kaffee.
ein Becher Kakao/zwei Becher Kakao.

## Fragen

I
1. Wer ist Fräulein Schneider?
2. Wo arbeitet sie?
3. Wie viele Köche haben die Fiedlers?
4. Was macht ein Koch?
5. Wer ist Christa?
6. Was macht sie?
7. Was macht ein Zimmermädchen?
8. Was trägt Hansi nach oben?
9. Wer ist Johann?
10. Arbeitet er während des Tages?

II
1. Was ist eine Kellnerin?
2. Ist ein Zimmermädchen eine Frau, die am Empfangstisch arbeitet?
3. Was ist ein Koch?
4. Was ist ein Kellner?
5. Ist eine Küchenhilfe eine Frau, die den Zimmermädchen hilft?
6. Was ist eine Köchin?
7. Was ist ein Nachtportier?
8. Was ist ein Hotelboy?

III
1. Ist Limonade ein heißes Getränk?
2. Sind Bier und Tee heiße Getränke?
3. Was sind Wein und Coca-Cola?
4. Ist Kaffee gewöhnlich ein kaltes Getränk?

**D.**
A hotel is a busy place. All the following things are happening at the same time:

(a) Frau Fiedler telefoniert im Büro.
Fräulein Schneider schreibt eine Rechnung aus.
Herr Fiedler empfängt einen neuen Gast in der Eingangshalle.
Karl deckt einen Tisch im Eßsaal.
Die Kellnerinnen putzen die Gläser und das Besteck.
Magda macht ein Bett oben im ersten Stock.
Zara wäscht ein Waschbecken in einem Gästezimmer.
Die Köche bereiten das Mittagessen in der Küche zu.
Hanna arbeitet in der Küche.
Hansi trägt einen Koffer nach oben.
Ein alter Mann sitzt im Fernsehraum, liest eine Zeitung und raucht seine Pfeife.
Vier Männer spielen Karten im Klubzimmer.
Eine junge Frau ißt ein Eis auf der Terrasse.
Susi serviert Getränke in der Forellenbar.
Willi Schmidt kegelt mit einem Freund in der Kegelbahn.
Ein junges Ehepaar telefoniert in der Telefonzelle.

## Wortschatz

**aus**schreiben (schreibt aus) die Rechnung (–en)   das Besteck
decken

(b) Frau Fiedler telefoniert im Büro, während Fräulein Schneider eine Rechnung ausschreibt.

Während Fräulein Schneider eine Rechnung ausschreibt, telefoniert Frau Fiedler im Büro.

## Fragen

I
1. Was macht Herr Fiedler, während seine Frau im Büro telefoniert?
2. Putzt Karl die Gläser und das Besteck, während die Kellnerinnen die Tische decken?
3. Was macht Hanna, während Susi Getränke in der Forellenbar serviert?
4. Was macht der alte Mann, der im Fernsehraum sitzt, während er seine Zeitung liest?
5. Empfängt Fräulein Schneider den neuen Gast in der Eingangshalle, während Herr Fiedler die Rechnung am Empfangstisch ausschreibt?
6. Macht Zara das Bett, während Magda das Waschbecken wäscht?
7. Ißt Willi Schmidt ein Eis auf der Terrasse, während die junge Frau in der Kegelbahn kegelt?
8. Trägt Frau Fiedler den Koffer nach oben, während Hansi im Büro telefoniert?

II Link the things the following people are doing in one sentence. Begin each sentence with *während*:
   e.g. Die vier Männer/Susi.

Während die vier Männer Karten im Klubzimmer spielen, serviert Susi Getränke in der Forellenbar.

1. Die junge Frau/das junge Ehepaar.
2. Die Köche/Hansi.
3. Fräulein Schneider/Susi.
4. Der alte Mann/Herr Fiedler.
5. Willi Schmidt/die vier Männer.
6. Karl/Magda.
7. Magda/Zara.
8. Hanna/Karl.
9. Frau Fiedler/die Kellnerinnen.
10. Zara/Fräulein Schneider.

# Lektion 31
# Karl ist krank

**A.**
Heute ist Karl krank. Er hat Kopfschmerzen. Vielleicht hat er die Grippe! Er will gar nicht aufstehen. Er liegt im Bett und denkt:
„Ach, ich muß aufstehen. Ich muß ins Badezimmer gehen. Ich muß mich waschen. Ich muß mich anziehen. Ich muß nach unten gehen. Ich muß mit Frau Fiedler sprechen."
Karl steht langsam auf, zieht sich an und geht nach unten. Er spricht mit Frau Fiedler. Endlich sagt sie: „Ja, Karl, Sie sehen wirklich blaß und krank aus. Sie müssen wieder ins Bett gehen. Heute können Sie nicht arbeiten."
Karl denkt wieder:
„Ach, Gott sei dank!
Nun kann ich wieder nach oben gehen.
Ich kann mich ausziehen.
Ich kann wieder ins Bett gehen.
Ich kann wieder schlafen."
Heute darf Karl nicht arbeiten. Er soll im Bett bleiben!

### Wortschatz

| | | |
|---|---|---|
| der Arzt (⸚e) | die Grippe | denken |
| der Magen (⸚) | | sprechen (spricht) |
| | | **aus**sehen (sieht aus) |
| müssen (muß) | Kopfschmerzen (pl) | krank/gesund |
| können (kann) | Augenschmerzen (pl) | blaß |
| dürfen (darf) | Magenschmerzen (pl) | |
| sollen (soll) | Zahnschmerzen (pl) | |

## Merke!

(a) Wie geht es Ihnen? Danke, es geht mir gut (schlecht).
Wie geht es dir?

Wie geht es deinem Vater? – Es geht ihm gut.
Wie geht es deiner Mutter? – Es geht ihr gut.
Wie geht es deinen Brüdern? – Es geht ihnen gut.

(b) Ich habe Kopfschmerzen. (Der Kopf tut mir weh.)
Ich habe Augenschmerzen. (Die Augen tun mir weh.)

(c) Wenn man sehr krank ist, soll man zum Arzt gehen.
Wenn man Zahnschmerzen hat, soll man zum Zahnarzt gehen.

## Aufgabe

Write an account of what you have to do every morning before you come to school.
   e.g. Ich muß...

**B.**

Hier ist Karl im Badezimmer. Er fühlt sich krank. Er sieht sich im Spiegel an.

(a) Das ist seine Zunge.
(b) Das ist seine Schulter.
(c) Das ist sein Arm.
(d) Das ist seine Hand.
(e) Das ist sein Knie.
(f) Das ist sein Bein.
(g) Das ist sein Fuß.

### Wortschatz

der Arm (-e)  die Zunge (-n)  das Knie (-)
der Fuß (¨e)  die Schulter (-n)  das Bein (-e)
              die Hand (¨e)

sich fühlen
sich **an**sehen (sieht sich an)

## Fragen

I  Was kannst du machen, wenn du die folgenden Gegenstände hast?
1. eine Schreibmaschine.
2. einen Fußball.
3. eine Zahnbürste und Zahnpasta?
4. einen Fernsehapparat.
5. einen Plattenspieler und Schallplatten.
6. Seife und Wasser.
7. einen Kugelschreiber.
8. ein Telefon.

II  Sage mit anderen Worten:
1. Ich habe Kopfschmerzen.
2. Er hat Kopfschmerzen.
3. Sie hat Augenschmerzen.
4. Sie haben Ohrenschmerzen.
5. Sie hat Magenschmerzen.
6. Hast du Zahnschmerzen?

## Aufgabe

Name (from memory) the following parts of your body:
Das ist mein Kopf. Das ist mein Gesicht. Das ist mein Haar. Das sind meine Augen (Das ist mein linkes/rechtes Auge). Das sind meine Ohren (Das ist mein linkes/rechtes Ohr). Das ist meine Nase. Das ist mein Mund. Das sind meine Schultern (Das ist meine linke/rechte Schulter). Das sind meine Arme (Das ist mein linker/rechter Arm). Das sind meine Hände (Das ist meine linke/rechte Hand). Das sind meine Beine (Das ist mein linkes/rechtes Bein). Das sind meine Knie (Das ist mein linkes/rechtes Knie). Das sind meine Füße (Das ist mein linker/rechter Fuß).

# Lektion 32
## Wie ist das Wetter in Biberswald?

**A.**

In den Bergen ist die Luft immer frisch und gesund, aber das Wetter kann sehr verschieden sein.

Im Winter ist die Gegend wirklich herrlich! Da es viel schneit und manchmal sehr windig ist, sind die Berge mit Eis und tiefem Schnee bedeckt, und die Abhänge sind gut zum Skilaufen. Dann ist Paul natürlich sehr glücklich!

Im Sommer ist das Wetter meistens schön. Dann scheint die Sonne, und der Himmel ist blau und wolkenlos.

In den Bergen aber gibt es manchmal Gewitter. Dann wird der Himmel dunkelgrau. Es ist oft neblig, und manchmal donnert und blitzt es, während es regnet. Bei solchem Wetter bleiben die Fiedlers und die Gäste lieber im Hotel!

**Wortschatz**

| | | |
|---|---|---|
| der Schnee | die Luft | das Wetter |
| der Abhang (¨e) | die Sonne | das Eis |
| der Himmel (–) | die Wolke (–n) | das Gewitter (–) |

| | |
|---|---|
| gesund/ungesund | bedeckt |
| verschieden/gleich | neblig/klar |
| herrlich | |
| tief | |
| wolkenlos/bewölkt | scheinen |

**B.**

Das Wetter ist schlecht, wenn es schneit.
wenn es ein Gewitter gibt.
wenn es regnet.
wenn es donnert und blitzt.
wenn es neblig ist.
wenn es sehr kalt ist.

Das Wetter ist gut, wenn die Sonne scheint.
wenn der Himmel blau und wolkenlos (ohne Wolken) ist.
wenn es heiß ist.

**Wortschatz**

es regnet
es schneit
es donnert und blitzt
es friert

es ist kalt/heiß/neblig/windig

## C.

Bei schönem Wetter sitzen die Gäste draußen auf der Terrasse. Dort trinken sie und unterhalten sich.

Manchmal machen sie Ausflüge oder baden im Freibad.

Bei schlechtem Wetter bleiben die Gäste meistens drinnen im Hotel. Manchmal gehen sie in die Milchbar.

Einige fahren nach Garmisch. Dort kaufen sie ein, trinken Kaffee oder gehen sogar ins Kino.

### Wortschatz

der Ausflug (⸚e)  die Landschaft  das Freibad (⸚er)
einen Ausflug machen

                            bei gutem Wetter
draußen/drinnen            bei schlechtem Wetter

## D.

Wenn das Wetter sehr kalt ist, trägt Maria einen warmen Mantel, einen warmen Schal und warme Handschuhe.

Wenn es regnet, trägt sie einen Regenmantel. (Oft nimmt sie auch ihren Regenschirm mit!)

Wenn sie badet, trägt sie einen Badeanzug. (Paul trägt eine Badehose.)

### Wortschatz

der Mantel (⸚)  die Badehose (–n)
der Schal (–s)
der Handschuh (–e)
der Regenmantel (⸚)
der Badeanzug (⸚e)

warm/kühl

**mit**nehmen (nimmt mit)

## Fragen

1. Wie ist die Luft in den Bergen?
2. Ist das Wetter immer dasselbe?
3. Warum sind die Berge im Winter mit Eis und tiefem Schnee bedeckt?
4. Warum ist Paul im Winter glücklich?
5. Wie ist der Himmel meistens im Sommer?
6. Wann wird der Himmel dunkelgrau?
7. Was geschieht, wenn es ein Gewitter gibt?
8. Was machen die Gäste dann?
9. Was trägst du gewöhnlich, wenn das Wetter kalt ist?
10. Was trägst du, wenn du badest?
11. Was trägst du, wenn es regnet?
12. Wann ist das Wetter schlecht? (5 Gründe!)
13. Wann ist das Wetter gut? (3 Gründe!)

# Lektion 33

## Das Personal (II)

**A. Was macht Fräulein Schneider im Hotel?**
Sie arbeitet am Empfangstisch.
Sie nimmt Zimmerbestellungen auf.
Sie begrüßt die neuen Gäste.
Sie sagt ihnen, welches Zimmer sie haben.
Sie holt den Hotelboy.
Sie gibt dem Gast den Schlüssel.
Sie schreibt Rechnungen aus.

Manchmal arbeitet sie auch im Büro.

Sie stenographiert Briefe.
Sie tippt Briefe.
Sie steckt sie in Briefumschläge.
Sie schreibt die Adressen und den Absender.
Sie frankiert die Briefe.

### Wortschatz

| | | |
|---|---|---|
| der Briefumschlag (⁻e) | die Zimmerbestellung (–en) | **auf**nehmen (nimmt auf) |
| der Absender (–) | die Rechnung (–en) | begrüßen |
| der Teil (–e) | die Adresse (–n) | stenographieren |
| | die Briefmarke (–n) | stecken |
| | | frankieren |
| | | tippen |

## Fragen

1. In welchem Teil des Hotels arbeitet Fräulein Schneider?
2. Wen begrüßt sie?
3. Wen holt sie, um die Koffer nach oben zu tragen?
4. Was gibt sie dem Gast?
5. Was schreibt sie aus?
6. Was stenographiert sie?
7. Was steckt sie in die Briefumschläge?
8. Was schreibt sie auf jeden Briefumschlag?
9. Womit schreibst du, wenn du einen Brief schreibst?
10. Womit frankiert man einen Brief?

## Aufgaben

1. Imagine that you are a hotel receptionist. Write six sentences about what you do at the reception desk.
2. Sometimes you work in the office. Write five sentences about what you do there.

## B. Was macht Karl, der Kellner?

(a) Morgens kommt er um zehn Uhr zur Arbeit.
Er zieht seine weiße Kellnerjacke an.
Er putzt die Gläser und das Besteck.
Er holt die sauberen Tischdecken und legt sie auf die Tische.
Dann deckt er die Tische.

(a) Das ist ein Messer.
(b) Das ist eine Gabel.
(c) Das ist ein Löffel.
(d) Das ist ein Teller.
(e) Das ist eine Tasse.
(f) Das ist eine Untertasse.
(g) Das ist ein Glas.

**Wortschatz**

| der Löffel (–) | die Gabel (–n) | das Messer (–) |
| der Teller (–) | die Tasse (–n) | das Glas (–̈er) |
| | die Untertasse (–n) | das Geschirr |
| | | das Besteck |

Geschirr besteht aus Tellern, Tassen und Untertassen.
Besteck besteht aus Messern, Gabeln und Löffeln.

(b) Gäste kommen.
Karl geht an einen Tisch.
Er nimmt die Bestellung auf.
Er geht in die Küche.
Er bringt den Gästen das Essen und die Getränke auf einem Tablett.
Die Gäste essen und trinken.

(c) Wenn die Gäste fertig sind, geht Karl wieder an den Tisch.
Er schreibt die Rechnung aus.
Die Gäste bezahlen.
Karl kassiert.

(d) Die Gäste gehen.
Karl räumt den Tisch ab.
Er bringt das schmutzige Besteck und das schmutzige Geschirr in die Küche.
Er leert den Aschenbecher.
Er macht ihn sauber.

## Wortschatz

die Bestellung (–en)

kommen
bezahlen
kassieren
**ab**räumen (räumt ab)
leeren

## Merke!

(a) Was macht der Kellner mit der Gabel?
    Er legt sie links neben den Teller.

(b) Was macht er mit dem Messer?
    Er legt es rechts neben den Teller.

(c) Was macht er mit dem Teller?
    Er legt ihn zwischen das Messer und die Gabel.

## Fragen

I
1. Um wieviel Uhr kommt der Kellner zur Arbeit?
2. Was trägt er, während er arbeitet?
3. Was putzt er im Eßsaal?
4. Womit deckt er den Tisch?
5. Was macht er, wenn die Gäste kommen?
6. Wozu geht er an den Tisch, wenn die Gäste kommen?
7. Was schreibt der Kellner aus, wenn die Gäste zahlen wollen?
8. Wann schreibt er die Rechnung aus?

II Begin your answers to the following questions with *bevor*.
e.g.
   Wann zieht Karl seine weiße Kellnerjacke an?
   Bevor er die Gläser und das Besteck putzt.

1. Wann putzt er die Gläser und das Besteck?
2. Wann deckt er die Tische?
3. Wann kassiert er?
4. Wann räumt er den Tisch ab?
5. Wann bringt er das schmutzige Geschirr und das schmutzige Besteck in die Küche?

## Aufgabe

Imagine you are Karl. Make a list of some of the things you do in the dining room.

## C. Was macht ein Zimmermädchen?

Sie holt einen Besen, einen Staubsauger und einen Staublappen.

Sie geht ins Schlafzimmer.
Sie macht die Betten.
Sie fegt den Fußboden.
Sie wischt überall Staub.
Sie saugt Staub.
Sie reinigt das Waschbecken.
Sie leert den Papierkorb.

### Wortschatz

| | |
|---|---|
| der Besen (–) | fegen |
| der Staubsauger (–) | wischen |
| der Staublappen (–) | saugen |
| der Papierkorb (⸚e) | reinigen |

## Fragen

1. Was benutzt ein Zimmermädchen, um den Fußboden zu fegen?
2. Womit fegt sie den Fußboden?
3. Warum holt sie einen Besen?
4. Was benutzt sie, um Staub zu saugen?
5. Womit saugt sie Staub?
6. Warum holt sie einen Staubsauger?
7. Was benutzt sie, um Staub zu wischen?
8. Womit wischt sie Staub?
9. Was reinigt sie?
10. Was leert sie?

## Aufgabe

Imagine you are a chamber-maid. Write six sentences about what you have to do in the hotel.
(e.g. Ich muß die Betten machen.)

## D. Was macht Hanna, die Küchenhilfe?

Sie hilft den Köchen.
Sie schält die Kartoffeln.
Sie schabt die Karotten.
Sie tut sie in einen großen Topf mit Wasser.
Sie schiebt das Fleisch in den Ofen.
Sie wäscht das schmutzige Geschirr und das schmutzige Besteck ab.
Sie trocknet ab.

### Wortschatz

| | | |
|---|---|---|
| der Ofen (⸚) | die Kartoffel (–n) | das Fleisch |
| | die Karotte (–n) | |
| schälen | | |
| schaben | | |
| schieben | | |
| tun | | |

## Aufgaben

1. Deine Mutter ist krank. Was kannst du machen, um ihr zu helfen? (5 Sachen.)
2. Was mußt du heute abend machen? (5 Sachen.)
3. Was darfst du in der Schule nicht machen? (3 Sachen.)

# Lektion 34

## Im Hotel

Wir sind im Hotel. Es ist Morgen. Das Personal arbeitet schon.

Fräulein Schneider muß einen Brief im Büro tippen.
Sie geht ins Büro und tippt **ihn**.

Ein Gast will eine Flasche Bier haben.
Karl geht in die Küche und holt **sie**.

Hanna muß das Fleisch braten.
Sie holt **es** und schiebt **es** in den Ofen.

Christa und Karen müssen die schmutzigen Teller in die Küche tragen.
Sie holen **sie** und tragen **sie** in die Küche.

**Wortschatz**
braten (brät)

## Fragen

Answer the following questions, using the appropriate word for "it" or "them" in your answers as in the examples above:

I   1. Tippt Fräulein Schneider den Brief am Empfangstisch? (Nein, sie tippt **ihn** im Büro.)
    2. Holt Karl die Flasche Bier aus der Bar?
    3. Schiebt Hanna das Fleisch in den Kühlschrank?
    4. Tragen Christa und Karen die Teller in den Eßsaal?

II   1. Der Brief hat keine Briefmarke. Was muß Fräulein Schneider machen? (Sie muß **ihn** frankieren.)
    2. Der Aschenbecher ist voll. Was muß Karl machen?
    3. Das Bett ist ungemacht. Was muß Magda machen?
    4. Der Fußboden ist schmutzig. Was muß Zara machen?
    5. Die Kartoffeln sind ungeschält. Was muß Hanna machen?

Es ist jetzt etwas später.
Magda trägt einen Staubsauger ins Schlafzimmer.
Karl trägt ein Tablett in die Küche.
Maria schält einen Apfel.
Fräulein Schneider tippt einen Brief.
Hansi trägt zwei Koffer nach oben.
Frau Fiedler schenkt Kaffee ein.
Herr Fiedler wäscht den Wagen.

## Fragen

Use the appropriate word for "it" or "them" in your answers:

I 
1. Trägt Magda den Staubsauger ins Klubzimmer?
2. Trägt Karl das Tablett in den Eßsaal?
3. Ißt Maria den Apfel?
4. Diktiert Fräulein Schneider den Brief?
5. Trägt Hansi die Koffer nach unten?
6. Trinkt Frau Fiedler den Kaffee?
7. Fährt Herr Fiedler den Wagen?

II *Gisela bügelt Kleider*
*Beispiel:* Was macht sie mit der Jacke?
Sie bügelt **sie**.

1. Was macht sie mit dem Rock?
2. Was macht sie mit der Hose?
3. Was macht sie mit dem Kleid?
4. Was macht sie mit dem Pullover?
5. Was macht sie mit den Socken?
6. Was macht sie mit dem Schlips?
7. Was macht sie mit der Bluse?
8. Was macht sie mit den Hemden?

# Lektion 35
## Am Dorfplatz

**A.**
Hier ist ein Plan des Dorfplatzes:

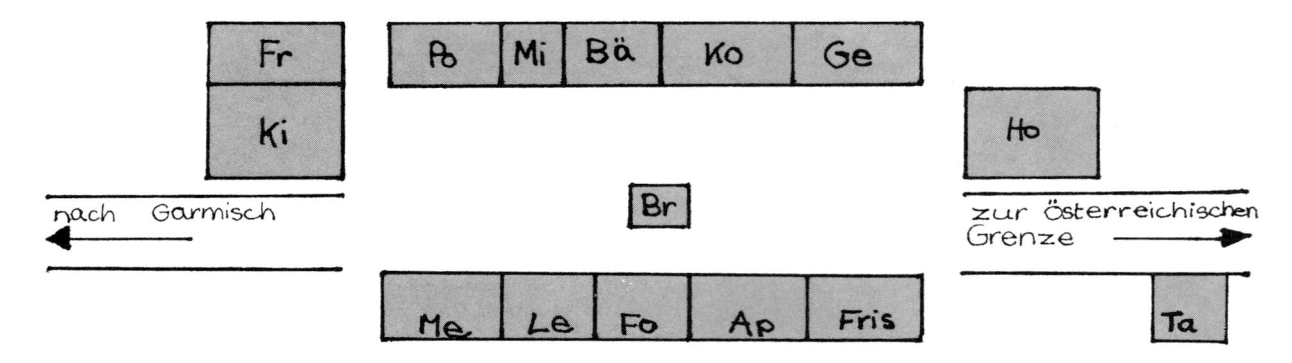

**Was ist das?**
- **Po:** Das ist das Postamt (⸚er)
- **Mi:** Das ist die Milchbar (–s)
- **Bä:** Das ist die Bäckerei (–en)
- **Ko:** Das ist die Konditorei (–en)
- **Ge:** Das ist der Gemüseladen (⸚)

- **Me:** Das ist die Metzgerei (–en)
- **Le:** Das ist das Lebensmittelgeschäft (–e)
- **Fo:** Das ist das Fotogeschäft (–e)
- **Ap:** Das ist die Apotheke (–n)
- **Fris:** Das ist der Friseursalon (–s)

- **Ta:** Das ist die Tankstelle (–n)
- **Ki:** Das ist die Kirche (–n)
- **Fr:** Das ist der Friedhof (⸚e)
- **Ho:** Das ist das Hotel „Bayrisches Tal".

- **Br:** Das ist der Brunnen (–)

**B.**
Biberswald hat sieben Läden am Dorfplatz. Sie sind die Bäckerei, die Konditorei, der Gemüseladen, die Metzgerei, das Lebensmittelgeschäft, das Fotogeschäft und die Apotheke. Es hat auch einen Friseursalon, eine Milchbar und ein Postamt.

Wenn man von Garmisch kommt, sind die Kirche und das Hotel „Bayrisches Tal" auf der linken Seite des Dorfplatzes. Wenn man die Hauptstraße etwas weiter entlang geht, sieht man die Tankstelle auf der rechten Seite.

Wie in vielen deutschen Städten und Dörfern gibt es einen Brunnen in der Mitte des Platzes.

Biberswald ist vierzehn Kilometer von der österreichischen Grenze entfernt.

### Wortschatz

die Grenze (–n)   entlang
                  geradeaus

                  gegenüber

## Merke!

(a) Wie kommt man nach Garmisch, bitte?
Man fährt geradeaus, immer geradeaus.

(b) Die Milchbar ist neben dem Postamt und neben der Bäckerei.
Sie ist zwischen dem Postamt und der Bäckerei.
Sie liegt auch gegenüber dem Lebensmittelgeschäft.

## Fragen

I
1. Wie viele Läden gibt es am Dorfplatz?
2. Was gibt es noch am Dorfplatz?
3. Auf welcher Seite der Straße ist die Tankstelle, wenn man von der österreichischen Grenze kommt?
4. Wo ist der Brunnen?
5. Wie weit ist Biberswald von der österreichischen Grenze entfernt?

II
1. Was liegt gegenüber der Apotheke?
2. Was ist neben dem Postamt?
3. Was ist neben der Apotheke?
4. Was ist zwischen der Metzgerei und dem Fotogeschäft?
5. Was liegt gegenüber dem Gemüseladen?
6. Was liegt gegenüber dem Postamt?
7. Was liegt gegenüber der Metzgerei?
8. Was ist zwischen der Milchbar und dem Gemüseladen?

III Hier ist ein Plan des Platzes eines anderen Dorfes, das nicht weit von Biberswald entfernt liegt:–

| Milchbar | Friseursalon | Postamt | Metzgerei | Apotheke |

| Fotogeschäft | Lebensmittelgeschäft | Gemüseladen | Bäckerei | Hotel |

1. Wo genau ist das Lebensmittelgeschäft? (Es ist...)
2. Wo ist die Milchbar?
3. Wo ist der Gemüseladen?
4. Liegt der Friseursalon gegenüber dem Fotogeschäft?
5. Was liegt gegenüber der Apotheke?
6. Ist die Metzgerei zwischen dem Gemüseladen und dem Hotel?
7. Wo ist das Hotel?
8. Ist das Fotogeschäft neben der Milchbar?
9. Was liegt gegenüber dem Postamt?
10. Wo genau ist die Bäckerei?

## Aufgabe

Draw a plan of an imaginary village square, name the various shops etc. from memory and say where they are in relation to each other.

# Lektion 36
## Berufe
**A.**

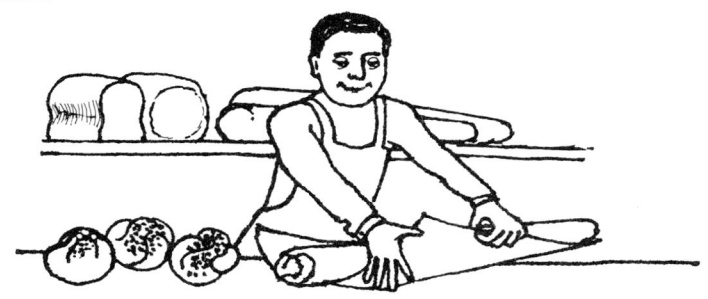

Der Bäcker arbeitet in der Bäckerei. Er verkauft Brot, Brötchen, Torten und Kuchen.

Der Metzger arbeitet in der Metzgerei. Er verkauft Fleisch und Würste.

Der Gemüsehändler arbeitet in dem Gemüseladen. Er verkauft Obst und Gemüse.

Der Lebensmittelhändler arbeitet in dem Lebensmittelgeschäft. Er verkauft Lebensmittel.

Der Fotograf arbeitet in dem Fotogeschäft. Er verkauft Filme und Fotoapparate.

Der Apotheker arbeitet in der Apotheke. Er verkauft Medikamente.

Der Postbeamte arbeitet in dem Postamt. Er verkauft Briefmarken.

Der Friseur arbeitet in dem Friseursalon. Er schneidet das Haar.

Der Tankwart arbeitet in der Tankstelle. Er verkauft Öl und Benzin.

### Wortschatz

| | | |
|---|---|---|
| der Lebensmittelhändler (–) | die Friseuse (–n) | das Brot (–e) |
| der Bäcker (–) | die Drogerie (–n) | das Brötchen (–) |
| der Metzger (–) | | das Fleisch (–sorten) |
| der Fleischer (–) | die Torte (–n) | |
| der Gemüsehändler (–) | die Wurst (¨e) | das Obst (–sorten) |
| der Fotograf (–en) | die Lebensmittel (pl) | das Gemüse (–sorten) |
| der Apotheker (–) | | |
| der Friseur (–e) | | schneiden |
| der Postbeamte (like adj.) | | lassen (läßt) |
| der Tankwart (–e) | | verkaufen |
| der Priester (–) | | kaufen |
| der Kuchen (–) | | |

**B.**

(a) Man geht **zum** Bäcker, um Brot, Brötchen, Kuchen und Torten zu kaufen.

Man geht **zum** Metzger, um Fleisch und Würste zu kaufen.

Man geht **zum** Gemüsehändler, um Obst und Gemüse zu kaufen.

(b) Man kauft Brot, Brötchen, Kuchen und Torten **beim** Bäcker.

Man kauft Fleisch und Würste **beim** Metzger.

Man kauft Obst und Gemüse **beim** Gemüsehändler.

### Merke!

Man geht zum Friseur, um sich das Haar schneiden zu lassen.
Ich lasse **mir** das Haar beim Friseur schneiden.

# Fragen

I
1. Wer verkauft Brot und Brötchen?
2. Wer verkauft Fleisch?
3. Wer verkauft Obst und Gemüse?
4. Wer verkauft Benzin?
5. Wer verkauft Lebensmittel?

II
1. Wohin geht man, um Medikamente zu kaufen?
2. Geht man zur Tankstelle, um Obst und Gemüse zu kaufen?
3. Wohin geht man, um Benzin zu kaufen (um zu tanken)?
4. Wohin geht man, um Lebensmittel zu kaufen?
5. Geht man zum Metzger, um Filme zu kaufen?

III
1. Wo kauft man Medikamente?
2. Wo kauft man Fleisch?
3. Wo kauft man Brot?
4. Kauft man Briefmarken in einem Postamt oder in einer Metzgerei?
5. Wo läßt man sich das Haar schneiden?

IV
1. Was macht ein Lebensmittelhändler?
2. Verkauft ein Fotograf Obst und Gemüse?
3. Was macht ein Tankwart?
4. Verkauft ein Metzger Medikamente?
5. Was macht ein Postbeamter?

V
1. Wozu geht man zum Apotheker?
2. Wozu geht man zum Metzger?
3. Geht man zum Postamt (auf die Post), um Öl und Benzin zu kaufen?
4. Geht man zur Tankstelle, um sich das Haar schneiden zu lassen?
5. Wozu geht man zum Gemüsehändler?

VI
1. In welchem Laden arbeitet der Fotograf?
2. In welchem Laden arbeitet der Lebensmittelhändler?
3. Arbeitet der Apotheker in der Tankstelle?
4. Wo arbeitet der Metzger?
5. Wo arbeitet der Postbeamte?

VII
1. Was ist ein Apotheker?
2. Was ist eine Metzgerin?
3. Was ist ein Tankwart?
4. Was ist ein Friseur?
5. Was ist eine Friseuse?

VIII
1. Wer verkauft Brot?
2. Was verkauft ein Bäcker?
3. Wohin geht man, um Brot zu kaufen?
4. Wo kauft man Brot?
5. Was macht ein Bäcker?
6. Wozu geht man zum Bäcker?
7. Wo arbeitet ein Bäcker?
8. Was ist ein Bäcker?
9. Was ist eine Bäckerin?
10. Was kauft man beim Bäcker? (4 Sachen)

# Lektion 37
## Morgen ist Willis letzter Tag in Biberswald

Willi Schmidts Ferien in Biberswald sind bald zu Ende. Übermorgen muß er wieder nach Hause fahren. Morgen hat er also viel vor.

**Was wird er morgen machen?**
Morgen wird er früh aufstehen.
Nach dem Frühstück wird er mit einem Freund nach Garmisch fahren.
Dort wird er Andenken an seine Ferien und Geschenke für seine Familie kaufen.
Anschließend wird er in Garmisch zu Mittag essen.
Nach dem Mittagessen wird er in Garmisch spazierengehen.
Später am Nachmittag wird er mit dem Bus nach Biberswald zurückkehren.
Dann wird er einen Kaffee auf der Terrasse trinken.
Nachher wird er nach oben in sein Zimmer gehen.
Dort wird er sich waschen und sich umziehen.
Vor dem Abendessen wird er im Fernsehraum fernsehen.
Nach dem Abendessen wird er in die Gaststube gehen.
Da wird er ein Glas Bier trinken und sich mit den anderen Gästen unterhalten.
Etwas später wird er nach unten in die Forellenbar gehen.
Dort wird er bis spät am Abend tanzen.
Schließlich wird er sehr müde nach oben in sein Zimmer gehen.
Bevor er ins Bett geht, wird er seinen Koffer packen.

Am folgenden Morgen wird er nach Hause fahren.

**Wortschatz**

| | | |
|---|---|---|
| das Ende (–n) | etwas **vor**haben (hat vor) | zu Ende |
| das Andenken (–) | packen | morgen |
| das Geschenk (–e) | | übermorgen |
| | | gleich |
| | | etwas später |
| | | müde |
| | | bald |

## Fragen

1. Was wird Willi nach dem Frühstück machen?
2. Was wird er für seine Familie kaufen?
3. Wird er in Garmisch zu Abend essen?
4. Was wird er nach dem Mittagessen machen?
5. Wann wird er nach Biberswald zurückkehren?
6. Was wird er vor dem Abendessen machen?
7. Was wird er gleich nach dem Abendessen machen?
8. Was wird er in der Gaststube machen?
9. Was wird er in der Forellenbar machen?
10. Was wird er in seinem Zimmer machen, bevor er ins Bett geht?

## Aufgaben

I  Imagine you are Willi's friend and that you will do exactly the same things as he will tomorrow.
    Say what you will both do.
    Start your answer with:
        Morgen werden wir früh aufstehen.

II  1. Was wirst du morgen machen, bevor du zur Schule gehst? (10 Sachen)
    2. Was wirst du morgen abend machen, wenn du wieder zu Hause bist? (5 Sachen)

# Lektion 38
## Geld, Maße und Gewichte

(a) Das ist ein Pfennigstück.
(b) Das ist ein Zweipfennigstück.
(c) Das ist ein Fünfpfennigstück.
(d) Das ist ein Zehnpfennigstück
    (ein Groschen).
(e) Das ist ein Fünfzigpfennigstück.

(f) Das ist ein Markstück.
(g) Das ist ein Zweimarkstück.
(h) Das ist ein Fünfmarkstück.
(i) Das ist ein Zehnmarkschein.
(j) Das ist ein Zwanzigmarkschein.

(Es gibt auch einen Fünfzigmarkschein, einen Hundertmarkschein, einen Fünfhundertmarkschein und einen Tausendmarkschein.)

### Wortschatz

| | | |
|---|---|---|
| der Pfennig (–e) | die Mark | das Stück (–e) |
| der Groschen (–) | die Münze (–n) | das Geld |
| der Schein (–e) | | das Kleingeld |
| | | das Trinkgeld |

Eine Mark hat 100 Pfennige.

> **Merke!**
> Was kostet das, bitte?
> Das kostet eine Mark.
> Das kostet zwei Mark.
> Das kostet 50 Pfennig.

## Längenmaße, Gewichte und Hohlmaße
(a) Ein Meter hat hundert Zentimeter.
    Ein Kilometer hat tausend Meter.

> **Merke!**
> Acht Kilometer sind fünf Meilen.

> **Wortschatz**
> der Zentimeter (–)     die Meile (–n)
> der Meter (–)
> der Kilometer (–)

(b) Ein Kilogramm hat tausend Gramm.
    Ein Kilogramm hat auch zwei Pfund.
    Ein Pfund hat 500 Gramm.
    Ein Zentner hat hundert Pfund.
    Eine Tonne hat tausend Kilogramm.

> **Merke!**
> Ein englisches Pfund hat 453 Gramm.
> zwei Pfund Äpfel
> ein halbes Pfund Äpfel

> **Wortschatz**
> der Zentner (–)     die Tonne (–n)     das Gramm (–)
>                                        das Kilogramm (–)
>                                        das Kilo (–s)
>                                        das Pfund (–e)

(c) In Deutschland kauft man Flüssigkeiten in Litern.
    4,5 Liter sind eine Gallone.

> **Wortschatz**
> der und das Liter (–)     die Gallone (–n)
>                           die Flüssigkeit (–en)

113

# Fragen

I 
1. Du bist beim Metzger. Du kaufst 200 Gramm Mettwurst für 2,80DM. Du gibst dem Metzger ein Fünfmarkstück. Was bekommst du heraus?
2. Du bist beim Bäcker. Du kaufst ein Dutzend Brötchen für 1,80DM. Du gibst dem Bäcker ein Fünfmarkstück. Was bekommst du heraus?
3. Du bist beim Lebensmittelhändler. Du kaufst ein Glas Marmelade und eine Tüte Milch für 2,97DM. Du gibst dem Lebensmittelhändler einen Zehnmarkschein. Was bekommst du heraus?
4. Du bist beim Gemüsehändler. Du kaufst ein Pfund Äpfel für 0,80DM. Du gibst dem Gemüsehändler eine Mark. Was bekommst du heraus?
5. Du sitzt in der Milchbar. Du trinkst einen Milchshake für 1,85DM. Du gibst der Kellnerin ein Zweimarkstück. Was bekommst du heraus?
6. Du bist an der Tankstelle. Du tankst 20 Liter Benzin für 19,60DM. Du gibst dem Tankwart einen Zwanzigmarkschein. Was bekommst du heraus?
7. Du bist auf der Post. Du kaufst zehn Zehner und zehn Zwanziger Briefmarken. Was kostet das? Du gibst dem Postbeamten ein Fünfmarkstück. Was bekommst du heraus?
8. Du bist an der Kinokasse. Du kaufst zwei Eintrittskarten für 16,00DM. Du gibst der Kartenverkäuferin einen Zwanzigmarkschein. Was bekommst du heraus?

II 
1. Wem gibst du das Geld, wenn du Fleisch kaufst? (Ich gebe es dem Metzger.)
2. Wem gibst du das Geld, wenn du Gemüse kaufst?
3. Wem gibst du das Geld, wenn du Brötchen kaufst?
4. Wem gibst du das Geld, wenn du Lebensmittel kaufst?
5. Wem gibst du das Geld, wenn du Benzin tankst?
6. Wem gibst du das Geld, wenn du einen Milchshake kaufst?
7. Wem gibst du das Geld, wenn du eine Kinokarte kaufst?
8. Wem gibst du das Geld, wenn du Briefmarken kaufst?

III 
1. Wann gibst du dem Bäcker Geld? (Wenn ich Brot kaufe.)
2. Wann gibst du dem Metzger Geld?
3. Wann gibst du dem Lebensmittelhändler Geld?
4. Wann gibst du dem Tankwart Geld?
5. Wann gibst du dem Gemüsehändler Geld?
6. Wann gibst du der Kellnerin in der Milchbar Geld?
7. Wann gibst du dem Postbeamten Geld?
8. Wann gibst du der Kartenverkäuferin Geld?

IV *Beispiel:*
Ich kaufe Brötchen beim Bäcker. Ich muß zahlen. Was mache ich also? – Ich gebe dem Bäcker das Geld.

1. Du kaufst Fleisch beim Metzger. Du mußt zahlen. Was machst du also?
2. Du kaufst Äpfel und Apfelsinen beim Gemüsehändler. Du mußt zahlen. Was machst du also?
3. Du kaufst eine Kinokarte. Du mußt zahlen. Was machst du also?
4. Du tankst. Du mußt zahlen. Was machst du also?
5. Du kaufst Briefmarken. Du mußt zahlen. Was machst du also?
6. Du kaufst Lebensmittel. Du mußt zahlen. Was machst du also?

# Lektion 39
## Beim Gemüsehändler und beim Lebensmittelhändler

**A.** Ein Gemüsehändler verkauft Obst und Gemüse.

**Obstarten**

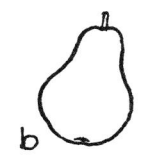

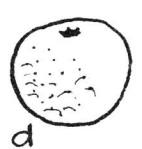

(a) Das ist ein Apfel.
(b) Das ist eine Birne.
(c) Das ist eine Banane.
(d) Das ist eine Apfelsine.
(e) Das ist eine Pflaume.
(f) Das sind Kirschen.

**Wortschatz**

der Apfel (⸚)   die Birne (–n)
　　　　　　　die Banane (–n)
　　　　　　　die Apfelsine (–n)
　　　　　　　die Kirsche (–n)
　　　　　　　die Pflaume (–n)

**Andere Obstarten sind:**

der Pfirsich (–e)   die Weintraube (–n)   süß/sauer
　　　　　　　　　die Zitrone (–n)　　　　reif
　　　　　　　　　die Ananas (–)　　　　　frisch
　　　　　　　　　die Pampelmuse (–n)　　hart/weich
　　　　　　　　　die Erdbeere (–n)　　　saftig
　　　　　　　　　die Stachelbeere (–n)
　　　　　　　　　die Himbeere (–n)　　　groß/klein
　　　　　　　　　die Brombeere (–n)　　 schön
　　　　　　　　　die rote/schwarze
　　　　　　　　　　Johannisbeere (–n)

**Merke!**

gern, lieber, am liebsten.

Ich esse Äpfel gern, ich esse Birnen lieber, aber am liebsten esse ich Apfelsinen.

# Gemüsesorten

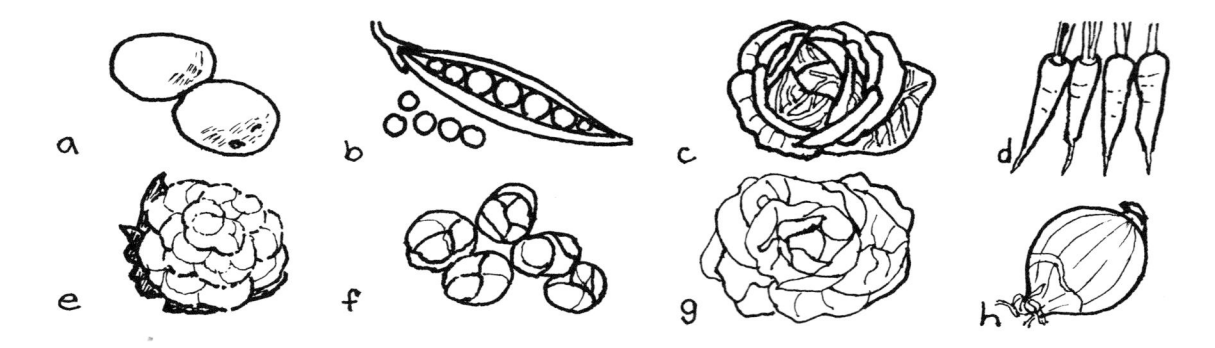

(a) Das sind Kartoffeln.
(b) Das sind Erbsen.
(c) Das ist Kohl.
(d) Das sind Karotten (Mohrrüben).
(e) Das ist Blumenkohl.
(f) Das ist Rosenkohl.
(g) Das ist Salat.
(h) Das ist eine Zwiebel.

**Merke!**

Ein Pfund Rosenkohl
Zwei Kohlköpfe

**Wortschatz**

| | |
|---|---|
| der Kohl (Kohlköpfe) | die Kartoffel (–n) |
| der Blumenkohl | die Erbse (–n) |
| der Rosenkohl | die Karotte (–n) [die Mohrrübe (–n)] |
| der Salat (Salatköpfe) | die Zwiebel (–n) |

**Andere Gemüsesorten sind:**

| | |
|---|---|
| der Spargel | die Gurke (–n) |
| | die saure Gurke |
| | die grüne Bohne (die grünen Bohnen) |
| | die Tomate (–n) |

**Merke!**

| | |
|---|---|
| der Kartoffelsalat | der Gurkensalat |
| der Tomatensalat | |

**B.** Ein Lebensmittelhändler verkauft Lebensmittel.

## Lebensmittel

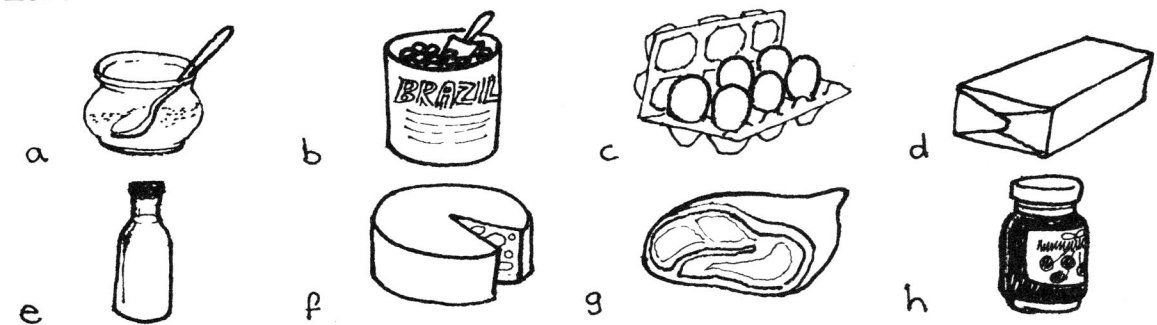

(a) Das ist Zucker.
(b) Das ist Kaffee.
(c) Das sind Eier.
(d) Das ist Butter.
(e) Das ist eine Flasche Milch.
(f) Das ist Käse.
(g) Das ist ein Schinken.
(h) Das ist ein Glas Marmelade.

### Wortschatz

der Zucker      die Milch       das Ei (–er)
der Käse (Käsesorten)   die Butter
der Schinken (–)    die Marmelade
                die Scheibe (–n)

### Merke!

eine Scheibe Schinken

(a) Das ist das Salz.
(b) Das ist der Pfeffer.
(c) Das ist der Senf.

### Aufgaben

(a) If you are having a meal with a German family, you will probably want to ask people to pass you various things.
Here is how you might ask for the mustard:

Reichen Sie mir den Senf, bitte!
Reich' mir den Senf, bitte!

How would you ask for the following:
1. Butter
2. Pfeffer
3. Salz
4. Käse
5. Marmelade
6. Wurst
7. Tomaten
8. Kaffee
9. Schinken
10. Obst?

(b) Draw a selection of fruit and vegetables. Label your drawings and write something else about each item.
e.g.
    Das ist ein Apfel. Er ist groß und saftig.

(c) Imagine that you are
    (i) at the greengrocer's
    (ii) at the grocer's.
State at least six things that you would like at each.
e.g.
    Ich möchte ..., bitte.
(Use quantity or number in your statements.)

# Lektion 40
Gisela kauft ein

**A.** Heute kauft Gisela in Biberswald ein.

| Po | Mi | Bä | Ko | Ge |

| Me | Le | Fo | Ap | Fr |

**Was macht sie?**

Sie kauft Briefmarken.
Sie trinkt einen Milchshake.
Sie kauft Brötchen und Kuchen.
Sie trinkt eine Tasse Kaffee.
Sie kauft Obst und Gemüse.
Sie kauft Fleisch und Würste.
Sie kauft Lebensmittel.
Sie kauft einen Film.
Sie kauft Aspirin.
Sie läßt sich das Haar schneiden, waschen und legen.

### Merke!

(a) Sie geht in **den** Gemüseladen.
    Sie kommt aus **dem** Gemüseladen.

(b) Sie geht in **die** Milchbar.
    Sie kommt aus **der** Milchbar.

(c) Sie geht **ins** Postamt.
    Sie kommt aus **dem** Postamt.

## Aufgaben

I  (a) Zuerst geht Gisela ins Postamt, weil sie Briefmarken kaufen will.
       Sie kauft Briefmarken im Postamt.
       Sie kommt aus dem Postamt.

   (b) Dann geht sie in die Milchbar, weil sie einen Milchshake trinken will.
       Sie...
       Sie...

   (c) (d) (e) (f) (g) (h) (i) (j).

Complete Gisela's shopping expedition! You should make three statements for each shop as in (a). The first statement of each answer should begin with one of the following:
   eine Viertelstunde später; anschließend; etwas später; danach; gleich darauf; bald darauf; fünf Minuten später; schließlich.

II (a) Bevor Gisela ihren Milchshake trinkt, kauft sie Briefmarken im Postamt.
   (b) Bevor sie die Brötchen und Kuchen kauft, trinkt sie ihren Milchshake.
   (c) Bevor sie...
   (d) Bevor sie...
   (e) Bevor sie...
   (f) Bevor sie...
   (g) Bevor sie...
   (h) Bevor sie...
   (i) Bevor sie...
   (j) Bevor sie nach Hause geht, ...

Complete the sequence.

## B. Beim Metzger

*Metzger:* Guten Tag, Frau Fiedler. Wie geht es Ihnen?
*Gisela:* Danke, gut. Und Ihnen?
*Metzger:* Na, ich kann nicht klagen. Und was darf's heute sein?
*Gisela:* Na, ja, ich möchte 250 Gramm Hackfleisch und zwei Koteletts, bitte.
*Metzger:* Danke. Ist Ihr Mann heute weg?
*Gisela:* Nein, heute ist er im Geschäft. Morgen aber fährt er wieder nach Italien. Das ist doch sehr anstrengend, wissen Sie – besonders bei so heißem Wetter.
*Metzger:* Ja, das glaube ich. Sonst noch etwas, Frau Fiedler?
*Gisela:* Ach ja. Ich möchte noch 200 Gramm Mettwurst.
*Metzger:* Danke. (Er holt die Mettwurst.) Moment mal, ich rechne das zusammen. Zwei Koteletts für 4,00 DM, 250 Gramm Hack für 2,25 DM und 200 Gramm Mettwurst. Das macht 8,05 DM.
*Gisela:* (Sie gibt ihm einen Hundertmarkschein). Es tut mir leid, aber ich habe nichts Kleineres bei mir.
*Metzger:* Ach, das macht nichts. (Er gibt ihr 91,95 DM heraus.) Auf Wiedersehen, Frau Fiedler.
*Gisela:* Auf Wiedersehen, Herr Behrens.

### Wortschatz

das Hackfleisch
das (Wiener) Schnitzel
das Kotelett (–s)
das Huhn (¨er)
das Schweinefleisch
das Rindfleisch
das Kalbfleisch
das Hammelfleisch

klagen

anstrengend
morgen

### Merke!

Möchten Sie sonst noch etwas?
Es tut mir leid.
nichts Kleineres/etwas Kleineres
nichts Gutes/etwas Gutes
bei mir

## Aufgabe

Write a dialogue entitled either:
   (a) Beim Lebensmittelhändler.
or (b) Beim Gemüsehändler.

# Lektion 41
# Was machte Frau Fiedler gestern?

## A. Wiederholung
Jeden Tag steht Frau Fiedler um etwa Viertel vor sieben auf. usw. (Siehe Seiten 73, 87 and 88!)

## B. Was geschah gestern?
Gestern stand Frau Fiedler um etwa Viertel vor sieben auf. Sie ging ins Badezimmer. Sie wusch sich. Sie trocknete sich ab. Sie putzte sich die Zähne. Sie ging ins Schlafzimmer zurück.

Sie zog sich an. Sie setzte sich an ihren Toilettentisch. Sie kämmte und bürstete sich das Haar. Sie trug ihr Make-up auf. Sie ging in die Küche.

### Fragen
I
1. Was machte Frau Fiedler gestern um etwa Viertel vor sieben?
2. Was machte sie zuerst im Badezimmer?
3. Was machte sie mit ihrem Handtuch?
4. Was machte sie mit ihrer Zahnbürste und Zahnpasta?
5. Blieb sie im Badezimmer?
6. Was machte sie zuerst im Schlafzimmer?
7. Was machte sie dann?
8. Was machte sie mit der Haarbürste?
9. Was machte sie mit dem Kamm?
10. Was machte sie noch am Toilettentisch?

### Frau Fiedler erzählt, was sie gestern machte:
Gestern stand ich um etwa sieben Uhr auf. Ich ging ins Badezimmer. Ich wusch mich. Ich trocknete mich ab. Ich putzte mir die Zähne. Ich ging ins Schlafzimmer zurück.

Ich zog mich an. Ich setzte mich an meinen Toilettentisch. Ich kämmte und bürstete mir das Haar. Ich trug mein Make-up auf. Ich ging in die Küche.

### Sie erzählt weiter:
Als ich in der Küche war, bereitete ich das Frühstück. Ich nahm einen Topf und die Kaffeekanne aus dem Schrank. Ich nahm eine Flasche Milch aus dem Kühlschrank. Ich goß die Milch in den Topf. Ich setzte den Topf auf. Ich machte das Gas an. Ich kochte die Milch. Ich kochte auch etwas Kaffee. Als die Milch kochte, goß ich sie in einen Krug.

Ich stellte den Krug und die Kaffeekanne auf ein Tablett. Ich trug es ins Eßzimmer. Christa brachte einen Korb frischer Brötchen nach oben. Sie stellte ihn auf den Tisch.

## Fragen

**II** Use the appropriate word for "it" wherever possible!
1. Was machte Frau Fiedler in der Küche?
2. Nahm sie den Topf aus dem Kühlschrank und die Flasche Milch aus dem Schrank?
3. Was machte sie mit der Milch?
4. Was machte sie mit dem Topf?
5. Was machte sie mit dem Gas?
6. Was machte sie mit der Milch, als sie kochte?
7. Was machte sie mit dem Krug und der Kaffeekanne?
8. Was machte sie mit dem Tablett?
9. Was machte Christa?
10. Was machte Christa mit dem Korb frischer Brötchen, als sie im Eßzimmer war?

### Maria erzählt weiter:

Mein Vater und ich kamen ins Eßzimmer. Wir setzten uns an den Tisch. Meine Mutter schenkte den Kaffee ein. Dann setzte sie sich auch an den Tisch. Wir begannen zu frühstücken. Wir aßen Brötchen mit Butter, Marmelade oder Honig. Wir tranken Kaffee. Wir unterhielten uns über den Tag.

## Fragen

**III** Stell' dir mal vor, daß du Maria bist!
1. Kamst du allein ins Eßzimmer?
2. Was machtest du dann?
3. Was machte dein Vater?
4. Was machte deine Mutter mit dem Kaffee?
5. Deine Mutter setzte sich auch an den Tisch. Was machtet ihr alle dann?
6. Aßt ihr alle Brötchen mit Wurst?
7. Trankt ihr Tee?
8. Was machtet ihr, während ihr frühstücktet?

### Herr Fiedler erzählt weiter:

Während des Tages arbeitete meine Frau sehr fleißig. Sie begrüßte viele Gäste. Sie telefonierte viel. Sie diktierte und schrieb viele Briefe. Sie beaufsichtigte das Personal.

Nach dem Abendessen ruhte sie sich aus. Sie sah fern. Sie las ein bißchen. Sie ging ins Bett. Sie schlief ein.

## Fragen

**IV** Stell' dir mal vor, daß du Frau Fiedler bist!
1. Was machtest du gestern während des Tages? (6 Sachen).
2. Was machtest du nach dem Abendessen? (5 Sachen).

**V** Beantworte die folgenden Fragen mit „um... zu"!
1. Wozu ging Frau Fiedler ins Badezimmer?
2. Wozu holte sie ein Handtuch?
3. Wozu holte sie eine Zahnbürste?
4. Wozu ging sie ins Schlafzimmer zurück?
5. Wozu setzte sie sich an ihren Toilettentisch?
6. Wozu ging sie in die Küche?
7. Wozu holte sie die Flasche Milch aus dem Kühlschrank?
8. Wozu ging sie an den Gasherd? (2 Gründe).
9. Wozu holte sie ein Tablett?
10. Wozu kamen Maria und Herr Fiedler ins Eßzimmer?

# Lektion 42
## Andrew fährt nach Deutschland

Andrew ist sehr aufgeregt. Er fährt zum ersten Mal nach Deutschland, um drei Wochen in Biberswald zu verbringen. Er lernt Deutsch schon seit drei Jahren, und er hofft, viel Deutsch während seines Aufenthaltes zu sprechen.

Sein Zug kommt in Garmisch an. Er steigt aus und geht den Bahnsteig entlang. Maria wartet an der Sperre. „Hallo, Andrew!" ruft sie. „Wie nett, dich endlich zu sehen! Bist du müde? Gib' mir dein Handgepäck. Meine Mutter wartet draußen mit dem Wagen. In einer Viertelstunde sind wir dann in Biberswald."

Ja, Andrew muß jetzt wirklich viel Deutsch sprechen!

### Wortschatz

| | | |
|---|---|---|
| der Aufenthalt | die Sperre (–n) | das Mal (–e) |
| der Zug (⸚e) | die Viertelstunde (–n) | das Handgepäck |
| der Bahnsteig (–e) | die Fahrt (–en) | |
| | | warten |
| aufgeregt | verbringen | sich **auf**halten |
| nett | hoffen | (hält sich auf) |
| müde | sprechen (spricht) | |
| | **an**kommen (kommt an) | |
| | rufen | |
| | geben (gibt) | |

### Fragen

1. Fährt Andrew zum zweiten Mal nach Deutschland?
2. Wie lange hofft er sich in Deutschland aufzuhalten?
3. Seit wann lernt er Deutsch?
4. Seit wann lernst du Deutsch?
5. Wann kann er viel Deutsch sprechen?
6. Was macht er, wenn der Zug in Garmisch ankommt?
7. Wann steigt er aus dem Zug?
8. Wo wartet Maria?
9. Was ruft sie, wenn sie Andrew sieht?
10. Wer wartet mit dem Wagen?
11. Wo wartet Frau Fiedler?
12. Wie lange dauert die Fahrt von Garmisch nach Biberswald?
13. Womit fahren sie nach Biberswald?
14. Was muß Andrew während seines Aufenthaltes machen?

# Lektion 43

## Am nächsten Morgen

Es ist der nächste Morgen. Nach dem Frühstück sagt Maria: „Komm' mal Andrew, ich zeige **dir** das Dorf."

Sie zeigt **ihm** den Dorfplatz, die Kirche, das Postamt und die Läden.

„Maria", sagt Andrew. „Ich habe einige Fotos mit. Möchtest du sie sehen?" „Ja, natürlich. Zeige **mir** die Bilder, bitte!"

Er zeigt **ihr** ein Bild seines Hauses, einige Bilder seiner Familie und einige Bilder von Windsor.

Später zeigt Andrew auch Herrn und Frau Fiedler die Bilder.

Er zeigt **ihnen** das Bild seines Hauses, die Bilder seiner Familie und die Bilder von Windsor.

## Fragen

Use the appropriate word for "him", "her" or "them" in your answers as in the example below:

1. Andrew und Maria sind in einem Kleidungsgeschäft in Garmisch. Maria will einen neuen Rock und Andrew eine neue Badehose kaufen.
    (a) Glaubst du, die Verkäuferin zeigt Andrew einige Röcke? (Nein, sie zeigt **ihm** einige Badehosen.)
    (b) Glaubst du, die Verkäuferin zeigt Maria einige Badehosen?

2. Eine junge Frau und ihre zwei Kinder picknicken im Garten. Ihr Sohn will einen Apfel und ihre Tochter eine Banane haben.
    (a) Glaubst du, die Frau gibt ihrem Sohn die Banane?
    (b) Glaubst du, sie gibt ihrer Tochter den Apfel?

3. Ein Mann und eine Frau sitzen in einem Restaurant. Der Mann will nur etwas essen, die Frau will nur etwas trinken.
    (a) Glaubst du, der Kellner bringt dem Mann die Getränkekarte?
    (b) Glaubst du, er bringt der Frau die Speisekarte?

4. Ein junges Ehepaar und ein alter Mann wollen je ein Zimmer im Hotel. Frau Fiedler hat nur zwei Zimmer noch frei – ein Einzelzimmer und ein Doppelzimmer.
    (a) Glaubst du, Frau Fiedler zeigt dem alten Mann das Doppelzimmer?
    (b) Glaubst du, sie zeigt dem jungen Mann und seiner Frau das Einzelzimmer?

5. Andrew hat Geschenke für Herrn und Frau Fiedler – eine Flasche Whisky und etwas Parfüm.
    (a) Glaubst du, er gibt Herrn Fiedler das Parfüm?
    (b) Glaubst du, er gibt Frau Fiedler den Whisky?

## Wortschatz

das Kleidungsgeschäft (–e)
das Einzelzimmer (–)
das Doppelzimmer (–)
das Parfüm (–e)

je
glauben

# Lektion 44
## Andrew und Paul

Andrew und Paul sitzen auf der Terrasse und unterhalten sich. (Auf Deutsch, natürlich!)

*Andrew:* Es ist wirklich schön hier auf der Terrasse, ganz anders als zu Hause... Wohnen Sie hier im Hotel, Herr Fiedler?

*Paul:* Ach, wir sollten uns lieber duzen, und du mußt mich Paul nennen. – Nein, ich wohne nicht mehr hier. Seit einem Jahr bin ich verheiratet, und ich wohne jetzt in einer Wohnung über meinem Laden. Weißt du, ich habe ein Fotogeschäft.

*Andrew:* Arbeitest du jeden Tag im Laden?

*Paul:* Nein, nicht immer. Im Sommer mache ich viele Rundfahrten für meinen Vater. Ich fahre einen seiner zwei VW Busse. Wir fahren hauptsächlich nach Oberammergau, Neuschwanstein oder Innsbruck. Manchmal machen wir eine längere Fahrt nach Italien, und dann muß ich sehr früh aufstehen. Du kannst gerne einmal mitfahren, wenn du Lust hast.

*Andrew:* Oh ja. Das wäre herrlich. Machst du auch Rundfahrten im Winter?

*Paul:* Nein. Die Straßen sind dann meistens mit Schnee bedeckt und sehr schlecht. Im Winter laufe ich furchtbar gern Ski, und ich gebe auch Skiunterricht. Ich hab's gut, nicht? Meine Frau, Gisela, ist eine große Hilfe. Wenn ich weg bin, arbeitet sie oft im Laden. Du wirst sie später kennenlernen.

*Andrew:* Und was machst du abends?

*Paul:* Abends? Dann gehe ich oft ins Hotel 'rüber und helfe meinem Vater. Ich unterhalte mich gern, und das kann ich gut machen, während ich an der Bar stehe. Es ist sehr interessant während der Saison, weißt du. Man lernt viele Menschen aus vielen Ländern kennen.

**Wortschatz**

die Hilfe
die Saison

hauptsächlich
meistens

herrlich
furchtbar
schrecklich
sicher

duzen
wissen (weiß)

**Merke!**

Ein Deutscher (eine Deutsche) kommt aus Deutschland. Er (sie) spricht deutsch.

Ein Franzose (eine Französin) kommt aus Frankreich. Er (sie) spricht französisch.

Ein Engländer (eine Engländerin) kommt aus England. Er (sie) spricht englisch.

Ein Amerikaner (eine Amerikanerin) kommt aus Amerika. Er (sie) spricht auch englisch.

Ein Italiener (eine Italienerin) kommt aus Italien. Er (sie) spricht italienisch.

Ein Spanier (eine Spanierin) kommt aus Spanien. Er (sie) spricht spanisch.

Ein Holländer (eine Holländerin) kommt aus Holland. Er (sie) spricht holländisch.

Ein Belgier (eine Belgierin) kommt aus Belgien. Er (sie) spricht französisch bzw. flämisch.

**Fragen**

I
1. Seit wann ist Paul verheiratet?
2. Wo arbeitet Paul?
3. Was ist ein Fotogeschäft?
4. Für wen macht Paul Rundfahrten im Sommer?
5. Wann muß Paul sehr früh aufstehen?
6. Warum macht Paul keine Rundfahrten im Winter?
7. Was macht Paul im Winter?
8. Wann arbeitet Gisela im Laden?
9. Warum geht Paul abends ins Hotel?
10. Aus welchen Ländern, glaubst du, kommen Menschen nach Biberswald?

II
1. Aus welchem Land kommt ein Deutscher?
2. Welche Sprache spricht ein Franzose?
3. Welche Sprachen sprichst du?
4. Ist ein Engländer ein Mann, der aus Deutschland kommt und der deutsch spricht?
5. Was ist ein Italiener?
6. Was ist eine Spanierin?
7. Was sind Franzosen?
8. Was sind Engländerinnen?

# Lektion 45
## Auf der Terrasse

Ein alter Mann, ein junges Ehepaar und zwei junge Mädchen sitzen an Tischen auf der Terrasse.

**A.**
Karl geht auf den alten Mann zu. Er fragt ihn: „Was möchten Sie, bitte?"
„Bringen Sie mir eine Flasche Bier!" antwortet der alte Mann.
Karl bringt dem alten Mann eine Flasche Bier.
Er gibt sie ihm.

Karen geht auf das junge Ehepaar zu. Zuerst fragt sie die junge Frau: „Was möchten Sie, bitte?"
„Ich möchte gern ein Eis, bitte", antwortet sie.
Dann fragt sie den jungen Mann: „Und Sie, mein Herr, was möchten Sie denn?"
„Bringen Sie mir einen Kognak, bitte!" sagt er.
Karen bringt der jungen Frau ein Eis.
Sie gibt es ihr.
Sie bringt dem jungen Mann einen Kognak.
Sie gibt ihn ihm.

Christa geht auf die jungen Mädchen zu. Sie fragt sie: „Was möchten Sie, bitte?"
„Bringen Sie uns zwei Tassen Kaffee, bitte", antworten sie.
Christa bringt den jungen Mädchen zwei Tassen Kaffee.
Sie gibt sie ihnen.

### Merke!

Er fragt **den** Mann... Er fragt **die** Frau...
Er sagt **dem** Mann... Er sagt **der** Frau...

## B.
Es ist später auf der Terrasse. Andere Gäste sitzen an den Tischen. Karl nimmt ihre Bestellungen auf. Jetzt muß er viel laufen!

## Fragen

*Beispiel:* Ein Junge bestellt eine Flasche Coca-Cola. Was macht Karl dann?
Er bringt sie ihm.

1. Ein Junge bestellt ein Eis. Was macht Karl?
2. Zwei Männer bestellen zwei Flaschen Bier. Was macht Karl?
3. Zwei Frauen bestellen zwei Tassen Kaffee. Was macht Karl?
4. Eine dicke Frau will ein Stück Kuchen essen. Was macht Karl?
5. Ein junger Mann will auch einen Kuchen essen. Was macht Karl?
6. Eine junge Frau will eine Flasche Limonade trinken. Was macht Karl?
7. Eine elegante Dame will ein Glas Wein trinken. Was macht Karl?
8. Ein alter Mann will ein Schinkenbrot essen. Was macht Karl?

## Aufgaben

I  Someone in the class should be the waiter and ask other members of the class in turn: „Was möchten Sie, bitte?" A reply should be given, choosing from the list below: „Ich möchte..." or „Wir möchten..."

Another member of the class should then be asked: „Was macht der Kellner (die Kellnerin) dann? (Er bringt) ihn (sie/es/sie) ihm (ihr/ihnen).

der Tee
der Kaffee
der Kakao
der Kuchen
der Whisky
der Kognak
der Schnaps
der Wodka
der Likör (–e)

die Torte (–n)
die Milch
die Limonade
die Coca-Cola

Frankfurter Würstchen mit Kartoffelsalat

das Bier
das Käsebrot (–e)
das Schinkenbrot (–e)

### Merke!

der Becher (–)   die Flasche (–n)   das Glas
die Tasse (–n)

II  Beschreibe das Bild auf Seite 127!
1. Wie viele Menschen gibt es?
2. Wer sind sie?
3. Wo sind sie?
4. Sitzen sie oder stehen sie?
5. Was machen die Menschen?
6. Was tragen sie?
7. Was siehst du auf den Tischen?
8. Was siehst du noch auf dem Bild?

# Lektion 46
Im Eßsaal

Ein junges Ehepaar sitzt an einem Ecktisch. Der Kellner bringt die Speisekarte.

*Kellner:* Bitte sehr. Hier sind die Speise- und die Getränkekarten.

*Der junge Mann:* Danke schön. Na, was möchtest du denn, Ulla?

*Die junge Frau:* Ach, ich nehme Russische Eier als Vorspeise und dann ein Wienerschnitzel mit Kartoffelsalat und grünem Salat. Als Nachspeise will ich heute mal einen Fruchtbecher nehmen.

*J.M.:* Na, schön. Und ich, was nehme ich denn? Ja, ich werde eine Spargelcremesuppe nehmen. Dann werde ich ein Jägerschnitzel mit pommes frites und gemischtem Gemüse essen und nachher ein Stück Obstkuchen mit Sahne. (*Der Kellner kommt wieder.*)

*Kellner:* Haben Sie gewählt?

*J.M.:* Ja, ich möchte einmal Russische Eier, eine Spargelcremesuppe, einmal Wiener Schnitzel mit Kartoffelsalat und grünem Salat, und einmal Jägerschnitzel mit pommes frites und gemischtem Gemüse. Als Nachspeise einen Fruchtbecher und ein Stück Obstkuchen mit Sahne, bitte.

*Kellner:* Danke. Und möchten Sie auch etwas dazu trinken?

*J.M.:* Ach ja, Moment. Ich möchte eine Flasche Rheinwein – die zu 12,50 DM, bitte.

*Kellner:* Sehr wohl, mein Herr... (*Eine Stunde später.*)

*J.F.:* Das hat wirklich prima geschmeckt. Der Kaffee war auch ausgezeichnet.

*J.M.:* Ja, das finde ich auch. (*Er sieht auf seine Uhr.*) Wir müssen bald gehen. Wir wollen um drei in Garmisch sein, nicht? Herr Ober! Zahlen, bitte.
(*Der Kellner kommt.*)

*Kellner:* Hat es den Herrschaften geschmeckt?

*J.M. und J.F.:* Ja, danke. Es war ausgezeichnet.

*Kellner:* Das freut mich. Na, also, das macht zusammen 39,70 DM.
(*Der junge Mann zahlt.*)

*Kellner:* Auf Wiedersehen, die Herrschaften. Recht schönen Dank.

*Junges Ehepaar:* Auf Wiedersehen.

## Wortschatz

| | | |
|---|---|---|
| der Preis (–e) | die Speisekarte (–n) | das Hauptgericht (–e) |
| der Zuschlag (¨e) | die Getränkekarte (–n) | |
| danke schön | die Suppe (–n) | bestellen |
| bitte schön | die Vorspeise (–n) | schmecken |
| | die Nachspeise (–n) | enthalten (enthält) |
| | die Bedienung | prima |
| | die Mehrwertsteuer | ausgezeichnet |
| | die Herrschaften (pl) | bald |
| | | bereits |

## Aufgabe

Write your own dialogue entitled „Im Eßsaal". Choose your food from the menu below.

---

### Hotel „Bayrisches Tal"

**Speisekarte**

*Kalte Speisen* — DM

| | |
|---|---|
| 1 Wurstbrot garniert | 3.60 |
| 1 Schinkenbrot garniert | 4.00 |
| 1 Käseplatte | 3.65 |
| 1 Kalter Aufschnitt | 4.00 |

*Vorspeisen*

| | |
|---|---|
| Russische Eier | 3.50 |
| Krabbensalat | 5.60 |

*Suppen*

| | |
|---|---|
| Tagessuppe | 1.30 |
| Bouillon mit Ei | 1.70 |
| Nudelsuppe | 1.10 |
| Spargelcremesuppe | 1.70 |

*Tagesgerichte*

| | |
|---|---|
| 2 Spiegeleier mit Brot oder Kartoffelsalat | 2.60 |
| 2 Paar Bratwürste mit Brot oder Sauerkraut | 4.50 |
| Schweinebraten mit Kloß, diverse Salate | 6.40 |
| Rinderbraten, Nudeln, Gemüse, Salat | 6.80 |
| Schweineschnitzel, paniert oder natur, Kartoffelsalat, gr. Salat | 7.00 |
| Wiener Schnitzel, Salzkartoffeln, Gemüse, Salat | 7.50 |
| Jägerschnitzel, pommes frites, diverse Salate | 7.90 |
| Kalbslende nach Art des Hauses, Kloß, Salatplatte | 9.50 |
| Ungarisches Gulasch, Nudeln oder Reis, Gemüseplatte, Salat | 7.50 |
| Forelle blau, Salzkartoffel, diverse Salate | 11.00 |
| Hausplatte „Bayrisches Tal" (für zwei Personen) | 20.00 |

*Nachspeisen*

| | |
|---|---|
| 1 Stück Obstkuchen mit Sahne | 1.70 |
| 1 Portion gemischtes Eis | 2.20 |
| Eiscafé | 1.80 |
| Fruchtbecher, garniert, mit Schlagsahne | 2.50 |

---

Alle diese Preise enthalten bereits 10% Bedienungszuschlag und 11% Mehrwertsteuer.

## Wortschatz

| | |
|---|---|
| das Schinkenbrot (–e) | open ham sandwich with rye bread |
| die Käseplatte (–n) | Various cheeses with bread and butter |
| der kalte Aufschnitt | Selection of cold meats (different types of Wurst, ham etc.) |
| Russische Eier | Halved, hard boiled eggs in mayonnaise and topped with caviar |
| der Krabbensalat | shrimp cocktail |
| die Suppe (–n) | soup |
| die Tagessuppe | soup of the day |
| die Bouillon mit Ei | chicken or beef broth with egg |
| die Spargelcremesuppe | cream of asparagus soup |
| das Spiegelei (–er) | fried egg |
| die Bratwurst (¨e) | smoked pork sausage |
| das Sauerkraut | pickled (white) cabbage |
| der Schweinebraten | roast pork |
| der Kloß (Klöße) | dumpling |
| der Rinderbraten | roast beef |
| die Nudel (–n) | noodle |
| das Schweineschnitzel | pork cutlet |
| das Jägerschnitzel | pork/veal cutlet with a special sauce and mushrooms (Champignons) |
| das Wienerschnitzel | veal cutlet cooked in egg and breadcrumbs |
| die Salzkartoffel (–n) | boiled potato |
| die Kalbslende | sirloin of veal |
| nach Art des Hauses | chef's speciality |
| die Salatplatte | dish with various types of salad |
| das Ungarische Goulasch | Hungarian Goulash |
| der Reis | rice |
| die Gemüseplatte | dish of mixed vegetables |
| die Forelle blau | boiled trout with onions (served with butter sauce and horseradish sauce) |
| die Beilage | vegetables etc. |
| die Hausplatte „Bayrisches Tal" für zwei Personen | special dish for two persons (mixed grill with chips, peas, various salads, garnished with fruit) |
| die pommes frites | chips/French fried |
| der Obstkuchen mit Sahne | fruit flan with cream |
| die Portion (–en) | portion |
| der Eiscafé | iced coffee |
| der Fruchtbecher | fruit salad |
| garniert | garnished |
| paniert | done in egg and breadcrumbs |
| gebacken | baked |

# Lektion 47
## Frau Fiedler beaufsichtigt das Personal

**A.**
Frau Fiedler spricht mit dem Personal:

„Karl, der Tisch dort drüben ist noch leer. Decken Sie ihn, bitte!"

Er deckt ihn.

„Christa, dieses Glas ist ein bißchen schmutzig. Putzen Sie es, bitte!"

Sie putzt es.

„Karen, dieser Aschenbecher ist voll. Leeren Sie ihn, bitte!"

Sie leert ihn.

„Magda, das Bett in Zimmer 21 ist noch ungemacht. Machen Sie es, bitte!"

Sie macht es.

„Hanna, schieben Sie das Fleisch in den Ofen, bitte!"
Sie schiebt es in den Ofen.

„Hansi, tragen Sie diesen Koffer nach oben, bitte!"
Er trägt ihn nach oben.

„Johann, die Tür hinten ist offen. Schließen Sie sie, bitte!"
Er schließt sie.

„Fräulein Schneider, der Gast am Empfangstisch will seinen Schlüssel haben. Geben Sie ihn ihm, bitte!"

Sie gibt ihn ihm.

**B. Was hat das Personal gemacht?**

Karl hat den Tisch gedeckt.

Christa hat das Glas geputzt.

Karen hat den Aschenbecher geleert.

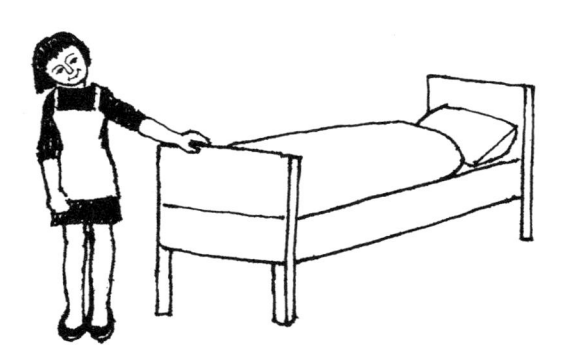

Magda hat das Bett gemacht.

Hanna hat das Fleisch in den Ofen geschoben.

Hansi hat den Koffer nach oben getragen.

Johann hat die Tür geschlossen.

Fräulein Schneider hat dem Gast seinen Schlüssel gegeben.

**Wortschatz**

schließen     offen/geschlossen
öffnen

# Fragen

1. Hat Karl das Glas geputzt?
2. Hat Magda das Bett gemacht?
3. Hat Karen den Tisch gedeckt?
4. Hat Christa den Aschenbecher geleert?
5. Hat Fräulein Schneider das Fleisch in den Ofen geschoben?
6. Hat Johann den Koffer nach oben getragen?
7. Hat Hansi die Tür geschlossen?
8. Hat Hanna dem Gast den Schlüssel gegeben?

# Lektion 48
## Frau Fiedlers Bericht

**A. Was hat Frau Fiedler gestern gemacht?**
Sie ist um etwa Viertel vor sieben aufgestanden.
Sie ist ins Badezimmer gegangen.
Sie hat sich gewaschen.
Sie hat sich abgetrocknet.
Sie hat sich die Zähne geputzt.
Sie ist ins Schlafzimmer zurückgegangen.

### Fragen

1. Was hat Frau Fiedler um etwa Viertel vor sieben gemacht?
2. Ist sie dann ins Eßzimmer gegangen?
3. Was hat sie zuerst im Badezimmer gemacht?
4. Was hat sie mit einem Handtuch gemacht?
5. Was hat sie mit einer Zahnbürste und Zahnpasta gemacht?
6. Ist sie dann in die Küche gegangen?

**B. Frau Fiedlers Bericht**
Frau Fiedler hilft Andrew mit seinem Deutsch. Sie erzählt ihm langsam, was sie gestern gemacht hat:

Gestern bin ich wie gewöhnlich um etwa Viertel vor sieben aufgestanden. Ich bin dann ins Badezimmer gegangen. Da habe ich mich gewaschen. Ich habe mich abgetrocknet, und nachher habe ich mir die Zähne geputzt. Dann bin ich ins Schlafzimmer zurückgegangen.

Ich habe mich angezogen. Anschließend habe ich mich an meinen Toilettentisch gesetzt. Da habe ich mir das Haar gekämmt und gebürstet. Dann habe ich mein Make-up aufgetragen. Danach bin ich in die Küche gegangen.

Ich habe das Frühstück bereitet. Zuerst habe ich einen Topf und die Kaffeekanne aus dem Schrank genommen. Ich habe auch eine Flasche Milch aus dem Kühlschrank genommen. Ich habe die Milch in den Topf gegossen und ihn aufgesetzt. Ich habe dann das Gas angemacht und die Milch gekocht. Ich habe auch etwas Kaffee gekocht. Als die Milch kochte, habe ich sie in einen Krug gegossen.

Ich habe dann den Krug und die Kaffeekanne auf ein Tablett gestellt und es ins Eßzimmer getragen. Christa hat inzwischen einen Korb frischer Brötchen nach oben gebracht und ihn auf den Tisch gestellt.

Einige Minuten später sind mein Mann und Maria ins Eßzimmer gekommen. Kurz darauf bist du auch gekommen. Ihr habt euch an den Tisch gesetzt. Inzwischen habe ich den Kaffee eingeschenkt. Ich habe mich auch an den Tisch gesetzt. Wir haben alle zu frühstücken begonnen. Wir haben Brötchen mit Butter, Marmelade oder Honig gegessen and Kaffee getrunken. Während des Frühstücks haben wir uns über den Tag unterhalten.

Während des Tages habe ich fleißig gearbeitet. Ich habe wie gewöhnlich viele Gäste begrüßt. Ich habe natürlich viel telefoniert und viele Briefe im Büro diktiert und geschrieben. Ich habe auch das Personal im Hotel beaufsichtigt.

Nach dem Abendessen habe ich mich oben ausgeruht. Ich habe ferngesehen und dann ein bißchen gelesen. Um etwa zehn Uhr bin ich ins Bett gegangen und bald danach bin ich eingeschlafen.

### Wortschatz

inzwischen

bald danach
kurz darauf
einige Minuten später

# Fragen

1. Was hat Frau Fiedler um etwa Viertel vor sieben gemacht?
2. Was hat sie mit dem Kamm gemacht?
3. Was hat sie mit der Haarbürste gemacht?
4. Was hat sie in der Küche gemacht?
5. Hat sie die Kaffeekanne aus dem Kühlschrank und die Milch aus dem Schrank genommen?
6. Herr Fiedler, Maria und Andrew sind ins Eßzimmer gekommen. Was haben sie dann gemacht?
7. Was haben sie am Tisch gemacht?
8. Was hat Frau Fiedler während des Tages gemacht? (5 Sachen)
9. Was hat sie oben im Wohnzimmer gemacht? (2 Sachen)
10. Was hat sie um etwa zehn Uhr gemacht?

# Aufgabe

Be ready to say *ten* things about what you did yesterday before you came to school and then to write them down!

# Lektion 49
## Der Kinobesuch

Letzten Donnerstag hatten Maria und Andrew vor, nach Garmisch zu fahren, um einen spannenden, französischen Film zu sehen. Nach dem Mittagessen verließen sie das Hotel und gingen die Straße entlang zur Bushaltestelle, um auf den Bus zu warten. Plötzlich begann es zu regnen, und sie eilten zum Hotel zurück, um ihre Regenmäntel zu holen.

Als sie wieder aus dem Hotel kamen, sahen sie den Bus schon an der Haltestelle. Sie liefen schnell und erreichten ihn gerade noch. Eine Viertelstunde später waren sie in Garmisch. Als sie am Kino ankamen, regnete es noch stärker, und sie sahen viele Menschen an der Kasse. Alle sahen verärgert aus, da der Film schon ausverkauft war. Es gab leider keine Plätze mehr. Es war schade, daß an diesem regnerischen Nachmittag so viele Menschen die gleiche Idee wie sie hatten. Deshalb blieb ihnen nichts anderes übrig, als in die Milchbar nebenan zu gehen, um einen Milchshake zu trinken!

## Wortschatz

| | | |
|---|---|---|
| der Besuch (–e) | die Idee (–n) | spannend |
| der Mensch (–en) | die Kasse (–n) | stark |
| der Platz (¨e) | | verärgert |
| | plötzlich | ausverkauft |
| bleiben | leider | regnerisch |
| eilen | nebenan | |
| | gerade | |

## Merke!

Was hast du heute abend vor?  
Sie erreichten den Bus gerade noch.  
Es ist schade!

Es bleibt mir nichts anderes übrig als...  
anstatt ins Kino zu gehen.  
noch stärker.

## Fragen

I
1. Wohin fuhren Maria und Andrew letzten Donnerstag?
2. Wozu fuhren sie dahin?
3. Worauf warteten sie an der Haltestelle?
4. Was geschah, als sie an der Haltestelle waren?
5. Wie viele Minuten dauerte die Fahrt nach Garmisch?
6. Wie war das Wetter, als sie am Kino ankamen?
7. Wohin geht man, um eine Kinokarte zu kaufen?
8. Warum sahen die Menschen an der Kinokasse verärgert aus?
9. Wo war die Milchbar?
10. Wo tranken sie ihre Milchshakes?

II
1. Was wollten Maria und Andrew gestern machen?
2. Was mußten sie an der Haltestelle machen?
3. Was mußten sie machen, als es zu regnen begann?
4. Was mußten sie machen, um den Bus zu erreichen?
5. Was konnten sie in Garmisch nicht machen?
6. Was mußten sie machen, anstatt ins Kino zu gehen?
7. Was wollten sie in der Milchbar machen?

III *Gestern*

(a) 1. Herr Fiedler hatte fast kein Benzin mehr. (Sein Benzin war fast alle.) Er fuhr zur Tankstelle. Was mußte er an der Tankstelle machen? – Er mußte tanken.
2. Gisela hatte keinen Zucker mehr im Haus. Was mußte sie machen?
3. Pauls VW Bus war schmutzig. Was mußte er machen?
4. Andrew ging in die Kegelbahn. Was wollte er wahrescheinlich machen?
5. Magda ging zum Fahrstuhl. Sie mußte ein Zimmer im zweiten Stock sauber machen. Was wollte sie machen?
6. Maria wollte einen Brief schreiben. Leider hatte sie kein Schreibpapier und keinen Füller. Was konnte sie nicht machen?
7. Ein alter Mann nahm ein Paket Zigaretten und ein Feuerzeug aus der Tasche. Was wollte er wahrscheinlich machen?
8. Maria holte ihren Badeanzug und ging zum Freibad. Was wollte sie wahrscheinlich machen?
9. Herr Fiedler und seine Freunde gingen ins Klubzimmer. Da holten sie Karten. Was wollten sie machen?
10. Herr Fiedler ging ins Badezimmer. Er holte seinen elektrischen Rasierapparat. Was wollte er wahrscheinlich machen?

(b) Siehe oben! Beginn' jede Antwort mit „weil"!
1. Warum ging Andrew gestern in die Kegelbahn?
2. Warum holte Paul einen Lappen und Wasser?
3. Warum ging Magda zum Fahrstuhl?
4. Warum nahm der alte Mann das Feuerzeug und das Paket Zigaretten aus der Tasche?
5. Warum holte Maria ihren Badeanzug?
6. Warum gingen Herr Fiedler und seine Freunde ins Klubzimmer?
7. Warum fuhr Herr Fiedler zur Tankstelle?
8. Warum holte Herr Fiedler seinen elektrischen Rasierapparat?

IV Was mußtest du heute morgen machen, bevor du zur Schule kamst? (10 Sachen.)

V Andrew erzählt Frau Fiedler, was Maria und er am Donnerstag gemacht haben:

Wir haben das Hotel verlassen.
Wir sind die Straße entlang zur Bushaltestelle gegangen.
Wir haben auf den Bus gewartet.
Es hat zu regnen begonnen.
Wir sind zum Hotel zurückgeeilt.
Wir haben unsere Regenmäntel geholt.

Wir haben das Hotel wieder verlassen.
Wir haben den Bus an der Haltestelle gesehen.
Wir sind schnell zur Haltestelle gelaufen.
Wir haben ihn erreicht.

Wir sind in Garmisch angekommen.
Wir sind zum Kino gelaufen.
Es hat keine Karten mehr gegeben.

Wir haben den Film nicht gesehen.
Wir sind in die Milchbar gegangen.
Wir haben einen Milchshake getrunken.

Rewrite these sentences in essay form, beginning each with one of the phrases below:

nach dem Mittagessen; dann; dort; plötzlich; also; da; fünf Minuten später; dann; deshalb; glücklicherweise; eine Viertelstunde später; schnell; leider; deswegen; danach; dort.
e.g.:
Nach dem Mittagessen haben wir das Hotel verlassen. Dann sind wir die Straße entlang zur Bushaltestelle gegangen. Dort...

# Lektion 50
# Hotel „Bayrisches Tal"

**A. Im Hotel**
Otto ist ein Gast im Hotel.
1. Jeden Tag ißt Otto ein Eis auf der Terrasse.
   Morgen wird er ein Eis auf der Terrasse essen.
   Gestern aß er ein Eis auf der Terrasse.
   Gestern hat er ein Eis auf der Terrasse gegessen.

2. Jeden Tag trinkt er ein Glas Bier in der Gaststube.
   Morgen wird er ein Glas Bier in der Gaststube trinken.
   Gestern trank er ein Glas Bier in der Gaststube.
   Gestern hat er ein Glas Bier in der Gaststube getrunken.

3. Jeden Tag sieht er im Fernsehraum fern.
   Morgen wird er im Fernsehraum fernsehen.
   Gestern sah er im Fernsehraum fern.
   Gestern hat er im Fernsehraum ferngesehen.

4. Jeden Tag holt er seinen Schlüssel am Empfangstisch.
   Morgen wird er seinen Schlüssel am Empfangstisch holen.
   Gestern holte er seinen Schlüssel am Empfangstisch.
   Gestern hat er seinen Schlüssel am Empfangstisch geholt.

5. Jeden Tag telefoniert er in der Telefonzelle.
   Morgen wird er in der Telefonzelle telefonieren.
   Gestern telefonierte er in der Telefonzelle.
   Gestern hat er in der Telefonzelle telefoniert.

**B. Herr Fiedler**
1. Jeden Tag steht er um etwa 7.15 auf.
   Morgen wird er um etwa 7.15 aufstehen.
   Gestern stand er um etwa 7.15 auf.
   Gestern ist er um etwa 7.15 aufgestanden.

2. Jeden Tag geht er ins Badezimmer.
   Morgen wird er ins Badezimmer gehen.
   Gestern ging er ins Badezimmer.
   Gestern ist er ins Badezimmer gegangen.

3. Jeden Tag wäscht er sich im Badezimmer.
   Morgen wird er sich im Badezimmer waschen.
   Gestern wusch er sich im Badezimmer.
   Gestern hat er sich im Badezimmer gewaschen.

4. Jeden Tag trocknet er sich im Badezimmer ab.
   Morgen wird er sich im Badezimmer abtrocknen.
   Gestern trocknete er sich im Badezimmer ab.
   Gestern hat er sich im Badezimmer abgetrocknet.

5. Jeden Tag putzt er sich die Zähne.
   Morgen wird er sich die Zähne putzen.
   Gestern putzte er sich die Zähne.
   Gestern hat er sich die Zähne geputzt.

6. Jeden Tag zieht er sich im Schlafzimmer an.
   Morgen wird er sich im Schlafzimmer anziehen.
   Gestern zog er sich im Schlafzimmer an.
   Gestern hat er sich im Schlafzimmer angezogen.

7. Jeden Tag kämmt er sich das Haar.
   Morgen wird er sich das Haar kämmen.
   Gestern kämmte er sich das Haar.
   Gestern hat er sich das Haar gekämmt.

8. Jeden Tag frühstückt er im Eßzimmer.
   Morgen wird er im Eßzimmer frühstücken.
   Gestern frühstückte er im Eßzimmer.
   Gestern hat er im Eßzimmer gefrühstückt.

## C. Das Personal

1. Jeden Tag trägt Hansi die Koffer der Gäste nach oben.
   Morgen wird er die Koffer der Gäste nach oben tragen.
   Gestern trug er die Koffer der Gäste nach oben.
   Gestern hat er die Koffer der Gäste nach oben getragen.

2. Jeden Tag machen die Zimmermädchen die Betten in den Gästezimmern.
   Morgen werden die Zimmermädchen die Betten in den Gästezimmern machen.
   Gestern machten die Zimmermädchen die Betten in den Gästezimmern.
   Gestern haben die Zimmermädchen die Betten in den Gästezimmern gemacht.

3. Jeden Tag bringt Karl den Gästen das Essen und die Getränke.
   Morgen wird er den Gästen das Essen und die Getränke bringen.
   Gestern brachte er den Gästen das Essen und die Getränke.
   Gestern hat er den Gästen das Essen und die Getränke gebracht.

4. Jeden Abend serviert Susi Getränke an der Bar.
   Morgen abend wird sie Getränke an der Bar servieren.
   Gestern abend servierte sie Getränke an der Bar.
   Gestern abend hat sie Getränke an der Bar serviert.

5. Jeden Tag hilft Hanna den Köchen in der Küche.
   Morgen wird sie den Köchen in der Küche helfen.
   Gestern half sie den Köchen in der Küche.
   Gestern hat sie den Köchen in der Küche geholfen.

## Fragen

*Beispiel:*
Jeden Tag liest Frau Fiedler im Wohnzimmer.
Morgen wird sie im Wohnzimmer lesen.
Gestern las sie im Wohnzimmer.
Gestern hat sie im Wohnzimmer gelesen.

It is assumed that everyone in the class reads in the living room every day.

I  1. Was macht Frau Fiedler jeden Tag im Wohnzimmer? – Sie liest.
   2. Und ich? (Der Lehrer stellt die Frage) – Sie lesen.
   3. Und du? – Ich lese.
   4. Und Herr Fiedler? – Er liest.
   5. Und du und ich? – Wir lesen.
   6. Und Andrew und Susan? – Sie lesen.

II 1. Was wird Frau Fiedler morgen im Wohnzimmer machen? – Sie wird lesen.
   2. Und ich? – Sie werden lesen.
   3. Und du? – Ich werde lesen.
   4. Und Herr Fiedler – Er wird lesen.
   5. Und du und ich? – Wir werden lesen.
   6. Und Andrew und Susan? – Sie werden lesen.

III 1. Was machte Frau Fiedler gestern im Wohnzimmer? – Sie las.
    2. Und ich? – Sie lasen.
    3. Und du? – Ich las.
    4. Und Herr Fiedler? – Er las.
    5. Und du und ich? – Wir lasen.
    6. Und Andrew und Susan? – Sie lasen.

IV 1. Was hat Frau Fiedler gestern im Wohnzimmer gemacht? – Sie hat gelesen.
   2. Und ich? – Sie haben gelesen.
   3. Und du? – Ich habe gelesen.
   4. Und Herr Fiedler? – Er hat gelesen.
   5. Und du und ich? – Wir haben gelesen.
   6. Und Andrew und Susan? – Sie haben gelesen.

## Aufgaben

(a) Revise the familiar statements and learn the new ones in sections A, B and C to enable you to ask questions of the kind given in the examples above.

(b) Take any *two* sets of statements from sections A, B and C, write down questions for them and then answer your questions.

# Lektion 51
# In der Eingangshalle

Willi Schmidt ist jetzt fort, aber andere Gäste kommen immer wieder. Ein junges Ehepaar kommt in die Eingangshalle und geht zum Empfangstisch.

*Junger Mann:* Haben Sie noch ein Zimmer frei, bitte?
*Frl. Schneider:* Ja, Sie haben Glück. Jemand hat eben ein Zimmer im ersten Stock abbestellt. Wie lange möchten Sie bleiben?
*J.M.:* Ich hoffe, drei Tage.
*Frl. S.:* Ja, das geht. Das Zimmer ist sehr schön, und man hat dort eine herrliche Aussicht über das Tal. Sie können sogar die Zugspitze bei schönem Wetter sehen.
*J.M.:* Wie schön. Morgen hoffen wir zum Gipfel fahren zu können . . . Wann wird hier im Hotel gegessen?
*Frl. S.:* Sie können ab 7.30 frühstücken, . . . früher, wenn Sie es im voraus sagen. Abends wird gewöhnlich um sieben Uhr gegessen. Am Samstagabend haben wir einen „Bayrischen Abend". Möchten Sie einen Tisch reservieren?
*J.M.* (*Zu seiner Frau*) Wie wär's, Schatz?
*Junge Frau:* Ach, das wär' sehr nett, Karl. Ich finde „Bayrische Abende" immer so gemütlich. Mir gefallen besonders die Schuhplattler.
*J.M.:* Gut. Also, einen Tisch für zwei Personen, bitte.
*Frl. S.:* In Ordnung. Hansi, nimm' bitte die Koffer und führ' die Herrschaften zu Zimmer 12. Hier ist der Schlüssel, mein Herr.

## Wortschatz

der Gipfel (–)    die Aussicht (–en)
der Schuhplattler (–)    die Herrschaften (pl)

**ab**bestellen (bestellt ab)
bleiben
hoffen
reservieren
gefallen (gefällt)    frei/besetzt
führen    herrlich
sich **auf**halten (hält auf)    gemütlich/ungemütlich

**Merke!**
Es wird um sieben gegessen.
Das wäre sehr nett!

im voraus
in Ordnung

## Fragen

1. Warum gehen der junge Mann und die junge Frau zum Empfangstisch?
2. Warum haben sie Glück?
3. Wo ist das Zimmer?
4. Wie lange wollen sie sich im Hotel aufhalten?
5. Was kann man von Zimmer 12 aus sehen?
6. Was wollen sie am folgenden Tag machen?
7. Was ist die „Zugspitze"?
8. Um wieviel Uhr kann man im Hotel frühstücken?
9. Wann darf man früher frühstücken?
10. Was soll am Samstagabend im Hotel stattfinden?
11. Was macht der junge Mann also?
12. Was soll Hansi machen?

# Lektion 52
# Ein Spaziergang im Dorf

Maria und Andrew machen einen Spaziergang im Dorf. Nach einer Weile kommen sie zu dem neuen Sessellift. „Wollen wir mal hoch fahren?" sagt Maria. „Da oben hat man eine herrliche Aussicht auf das Tal." „Das sieht sehr gefährlich aus", erwidert Andrew. „Ach, du brauchst keine Angst zu haben", lächelt Maria.

Nun sind Maria und Andrew ganz oben. Sie setzen sich auf das Gras und schauen in das Tal hinunter.

*Andrew:* Es ist wirklich schön hier oben. Biberswald sieht sehr klein da unten aus, genau wie ein Spielzeugdorf.

*Maria:* Siehst du unser Hotel? Da, rechts von der Marienkirche.

*Andrew:* Wo? Ach, da ist es ja. – ... Übrigens, wie heißen denn die beiden Dörfer dort im Hintergrund?

*Maria:* Das Dorf links heißt Oberkieselstein. Es ist größer als Biberswald. Das andere heißt Unterkieselstein. Es ist etwas kleiner.

*Andrew:* ... Sag' mal, Maria, kann man in diesem Fluß da

|         | unten eigentlich angeln? Zu Hause angle ich nämlich furchtbar gern. |
|---------|---|
| *Maria:* | Sicherlich. Vati angelt selbst gern, und wir haben einige Angelruten zu Hause. Wenn du Lust hast, könnten wir morgen früh zur alten Holzbrücke gehen und dort unser Glück versuchen. Vielleicht fangen wir ein paar Forellen. Wenn das Wetter so schön ist wie heute, könnten wir dann am Nachmittag nach Oberkieselstein laufen und mit meiner Freundin Jutta in das dortige Freibad gehen. Ich werde später mit ihr telefonieren. |
| *Andrew:* | Das ist ein sehr guter Vorschlag, aber was machen wir dann mit unserer Angelausrüstung? |
| *Maria:* | Ach, ich werde Vati bitten, das alles mit dem Wagen zu holen. Er wird das sicher sehr gerne machen. |

### Wortschatz

| | | |
|---|---|---|
| der Spaziergang (⸚e) | die Aussicht (–en) | das Gras |
| einen Spaziergang machen | die Angst | das Spielzeug |
| der Sessellift (–e) | die Lust | das Glück |
| der Vordergrund | die Brücke (–n) | |
| der Hintergrund | die Holzbrücke (–n) | brauchen |
| der Fluß (Flüsse) | die Angelrute (–n) | erwidern |
| der Vorschlag (⸚e) | die Angelausrüstung | lächeln |
| der Fisch (–e) | | schauen |
| gefährlich | selbst | angeln |
| eigentlich | vielleicht | versuchen |
| nämlich | sicherlich | fangen (fängt) |
| furchtbar | sicher | bitten |

## Merke!

im Vordergrund
im Hintergrund
auf der linken Seite (links)
auf der rechten Seite (rechts)     Hast du Lust, einen Spaziergang zu machen?

## Fragen

I
1. Womit fahren Maria und Andrew auf den Berg?
2. Warum will Maria nach oben fahren?
3. Wo sitzen Maria und Andrew, wenn sie oben sind?
4. Wo ist das Hotel?
5. Wie heißen die zwei Dörfer im Hintergrund?
6. Welches Dorf ist am kleinsten?
7. Ist Biberswald größer als Oberkieselstein?
8. Was wollen Maria und Andrew am nächsten Tag machen?
9. Wo findet man Fische?
10. Wer ist Jutta?
11. Warum geht man gewöhnlich ins Freibad?
12. Was wird Herr Fiedler machen?

II  Was siehst du auf dem Bild auf Seite 146? (Benutze „im Vordergrund, im Hintergrund, auf der linken Seite, links, auf der rechten Seite, rechts, oben, unten, hinter..., vor..., durch..., über... usw..." in deiner Antwort!

# Lektion 53
# Ein Tag im Freien

**A. Angeln am Fluß**

Am nächsten Morgen nach einem sehr frühen Frühstück machten sich Maria und Andrew auf den Weg. Sie hatten alles dabei, was man zum Angeln brauchte: Angelruten, Netz, Köder und einen Eimer für die gefangenen Fische. Sie gingen über die Wiesen bis zur alten Holzbrücke. Da setzten sie sich ans Flußufer und warfen ihre Angelruten aus.

Ruhig und geduldig warteten sie, bis die Fische anbissen. Bis Mittag war der Eimer schon fast voll. Kurz nach 12 Uhr kam Herr Fiedler wie verabredet. Maria sah sehr zufrieden aus. „Hallo, ihr zwei. Habt ihr viel Erfolg gehabt?" fragte er. „Ja, Vati, und es war gar nicht langweilig. Es hat wirklich Spaß gemacht." Plötzlich sah Herr Fiedler den vollen Eimer. „Aha, darüber wird sich Mutti aber freuen. Ich weiß jetzt schon, was es heute zum Abendessen gibt. Das nächste Mal mußt du mit mir kommen. Vielleicht bringst du mir auch Glück! ... Übrigens, hier sind eure Badesachen und die Lunchpakete. Viel Spaß heute Nachmittag!"

### Wortschatz

| | | |
|---|---|---|
| der Köder (–) | die Wiese (–n) | das Angeln |
| der Eimer (–) | die Badehose (–n) | das Netz (–e) |
| der Erfolg | | das Flußufer (–) |
| | | das Lunchpaket (–e) |
| sich auf den Weg machen | ruhig/unruhig | |
| **aus**werfen (wirft aus) | geduldig/ungeduldig | einen Fisch fangen (fäng |
| **an**beißen (beißt an) | voll/leer | |
| sich freuen über | verabredet | langweilig |
| wissen (weiß) | zufrieden/unzufrieden | übrigens |

### Merke!
bis Mittag
im Freien
viel Spaß

**Fragen**

1. Wann machten sich Maria und Andrew auf den Weg?
2. Was nahmen sie mit?
3. Was mußten sie machen, bevor sie zur alten Holzbrücke kamen?
4. Warum wollten sie zur Holzbrücke gehen?
5. Was machten sie, als sie die Holzbrücke erreichten?
6. Wo saßen sie, während sie ihre Angelruten auswarfen?
7. Was machten sie, bis die Fische anbissen?
8. Wo waren die gefangenen Fische?
9. Wann kam Herr Fiedler?
10. Was wollten sie zum Abendessen essen?
11. Was brachte Herr Fiedler mit?
12. Was wollten Maria und Andrew nach dem Mittagessen machen?
13. Was verstehst du unter „Badesachen"?
14. Woraus besteht ein Lunchpaket gewöhnlich?

**Aufgabe**

Hier ist ein Bild von Maria und Andrew am Flußufer. Beschreibe, was du da siehst!

## B. Im Freibad

Nach dem Mittagessen gingen sie dann weiter nach Oberkieselstein. Jutta wartete schon auf sie, und so gingen sie gleich weiter ins Freibad. Es war jetzt sehr heiß. Deshalb zogen sie sich schnell um und sprangen ins Wasser, um zu baden. Danach sonnten sie sich, und jeder trank eine Flasche Coca-Cola. Dabei schaute Andrew nach Biberswald hinüber. „Sag' mal, Maria, ist das dort hinten der Berg, auf den wir gestern gefahren sind? Die Fahrt mit dem Sessellift war wirklich Klasse." „Ja", antwortete Maria, „und siehst du das kleine, braune Gebäude dort oben links? Das ist die Gipfelstation des Lifts. Und dort etwas unterhalb davon haben wir gesessen."

Sie plauderten noch weiter, und nach einer Weile sah Maria auf ihre Uhr. „Oh, es ist schon fast sechs. Wenn wir den Postbus noch erreichen wollen, müssen wir uns aber beeilen, denn auf die schönen Forellen, die wir gefangen haben, möchte ich auf keinen Fall verzichten!"

### Wortschatz

der Berg (–e)     die Gipfelstation (–en)     das Gebäude (–)
der Postbus (–se)     die Talstation (–en)
der Gipfel (–)

gleich
plaudern     deshalb
sich **um**ziehen (zieht um)     dabei
springen     rechtzeitig
baden     unterhalb
sich sonnen     oberhalb
sich beeilen     denn
verzichten auf

### Merke!

Das war Klasse!
auf keinen Fall

## Fragen

1. Wer ist Jutta?
2. Mußten Maria und Andrew auf Jutta warten?
3. Wollten sie im Fluß baden?
4. War das Wetter kalt?
5. Warum zogen sie sich schnell um?
6. Sie zogen sich um. Was machten sie dann?
7. Was machten sie im Wasser?
8. Warum zogen sie sich dann nicht gleich wieder an?
9. Was machten sie, während sie sich sonnten?
10. Was sah Andrew, als er nach Biberswald hinüberschaute?
11. Was für ein Gebäude war die Gipfelstation?
12. Um wieviel Uhr, glaubst du, verließen sie das Freibad?
13. Was mußten sie machen, bevor sie das Freibad verließen?
14. Womit wollten sie nach Biberswald zurückfahren?
15. Warum wollte Maria rechtzeitig in Biberswald sein?

# Aufgaben

I   Hier ist ein Bild von dem Freibad. Beschreibe, was du da siehst!

II  Imagine that you are either Maria or Andrew. Describe how you spent „Ein Tag im Freien".

# Lektion 54
## Ein Ausflug in die Umgebung

Zwei Tage vor Andrews Rückkehr nach England veranstaltete Herr Fiedler einen Ausflug für Andrew und Maria in die Umgebung. Vor dem Frühstück fuhr Herr Fiedler den weißen VW Bus vor das Hotel. Sie wollten sich viel ansehen, und deshalb mußten sie sich früh auf den Weg machen. Frau Fiedler gab ihnen einige große Lunchpakete, bevor sie um halb neun losfuhren.

Zuerst fuhren sie nach Oberammergau, um das berühmte Festspielhaus zu besuchen, in dem man alle zehn Jahre das Passionsspiel aufführt. Andrew fand das sehr interessant und hat jetzt vor, sich das nächste Passionsspiel anzusehen.

Nach etwa einer Stunde in Oberammergau fuhren sie dann weiter nach Neuschwanstein, weil sie das herrliche Schloß besichtigen wollten. Dieses steht auf einem Berggipfel, und von oben hat man einen wunderbaren Ausblick auf die Gegend. Andrew hatte seinen Fotoapparat mit und machte viele Bilder. Danach waren sie hungrig und beschlossen, auf der Terrasse eines Hotels zu Mittag zu essen. Dort durften sie ihre Lunchpakete essen, aber sie mußten Getränke bestellen.

Am Nachmittag fuhren sie nach Linderhof, wo sie ein anderes Schloß besichtigten, das in einem großen, herrlichen Park lag. Später tranken sie Kaffee und aßen köstliche Erdbeerkuchen mit frischer Schlagsahne in einem Café am Schloßpark.

Auf dem Heimweg hielten sie noch einmal – diesmal in Ettal. Hier sahen sie sich ein altes Kloster an, und danach probierten sie einen Klosterlikör. Dieser schmeckte Andrew so gut, daß er seinen Eltern eine Flasche davon als Geschenk kaufte. Da es jetzt ziemlich spät war, mußten sie wieder in den VW Bus einsteigen und nach Hause fahren. Während sie die Bergstraße nach Biberswald hinabfuhren, dachte Andrew an die vielen schönen Sachen, die er während seines Aufenthaltes in Deutschland erlebt hatte, und wünschte, daß er übermorgen nicht nach England zurückfahren müßte.

## Wortschatz

| | | |
|---|---|---|
| der Berggipfel (–) | die Umgebung (–en) | das Passionsspiel (–e) |
| der Ausblick (–e) | die Rückkehr | das Festspielhaus (¨er) |
| der Erdbeerkuchen (–) | die Gegend (–en) | das Schloß (Schlösser) |
| der Heimweg (–e) | die Schlagsahne | das Kloster (¨) |
| | die Bergstraße (–n) | |

| | |
|---|---|
| **los**fahren (fährt los) | berühmt |
| **auf**führen (führt auf) | interessant |
| halten (hält) | köstlich |
| probieren | |
| erleben | danach |
| schmecken | diesmal |

# Fragen

1. Was machte Herr Fiedler, bevor er frühstückte?
2. Wo stand der VW Bus, während Herr Fiedler, Maria und Andrew frühstückten?
3. Was machten sie um halb neun?
4. Womit fuhren sie?
5. Warum mußten sie sich früh auf den Weg machen?
6. Wo gibt es ein berühmtes Festspielhaus?
7. Was macht man alle zehn Jahre in dem Oberammergauer Festspielhaus?
8. Wie lange hielten sie sich in Oberammergau auf?
9. Was machten sie in Neuschwanstein?
10. Steht Neuschwanstein in einem herrlichen Park?
11. Wozu hatte Andrew seinen Fotoapparat mit?
12. In Neuschwanstein besichtigten sie das Schloß. Was machten sie dann, bevor sie nach Linderhof fuhren?
13. Was wollten sie in Linderhof machen?
14. Warum gingen sie ins Café im Schloßpark?
15. Besichtigten sie ein Schloß in Ettal?
16. Was kaufte Andrew seinen Eltern in Ettal?
17. War es noch früh, als sie wieder in den VW Bus einstiegen?
18. Was machte Andrew, während sie die Bergstraße nach Biberswald hinabfuhren?
19. Wann mußte Andrew wieder nach England fahren?
20. Was verstehst du unter „übermorgen"?

# Index to Grammatical Summary

|  |  | Page |
|---|---|---|
| 1. | The Indefinite Article – *ein/eine/ein* | 157 |
| 2. | The Definite Article – *der/die/das* | 157 |
| 3. | The Indefinite Article (Negative forms) – *kein/keine/kein* | 157 |
| 4. | Possessive Adjectives – *mein/meine/mein* etc. | 158 |
| 5. | Demonstrative Adjectives – *dieser/diese/dieses* etc. | 158 |
| 6. | The Interrogative Adjective – *welcher/welche/welches?* | 158 |
| 7. | Personal Pronouns – *er/sie/es* etc. | 159 |
| 8. | Interrogative Pronouns – *wer? was?* | 159 |
| 9. | Relative Pronouns – *der, die, das* etc. | 159 |
| 10. | Adjectives | 159 |
| 11. | Adjectival Endings – Group I | 160 |
| 12. | Adjectival Endings – Group II | 160 |
| 13. | Adjectival Endings – Group III | 161 |
| 14. | Comparison of Adjectives | 161 |
| 15. | Prepositions: (a) With the Dative | 161 |
|  | (b) With the Accusative or Dative | 162 |
|  | (c) With the Accusative | 162 |
|  | (d) With the Genitive | 162 |
| 16. | Expressions of Time | 162 |
| 17. | Use of Cases | 163 |
| 18. | Verbs | 163 |
| 19. | Use of Tenses | 164 |
| 20. | The Present Tense | 164 |
| 21. | The Future Tense | 165 |
| 22. | The Imperfect Tense | 165 |
| 23. | The Perfect Tense | 165 |
| 24. | The Imperative | 166 |
| 25. | Model Verbs – müssen, wollen, können etc. | 166 |
| 26. | Survey of Tenses | 166 |
| 27. | *Um . . . zu* | 167 |
| 28. | Word Order | 167 |
| 29. | Question Forms | 167 |
| 30. | Plural Formation of Nouns | 168 |
| 31. | Strong and 'mixed' verbs | 171 |
| 32. | Weak Verbs | 171 |
| 33. | *Das Alphabet* | 171 |

# 1. The Indefinite Article – (ein/eine/ein)

|      | SINGULAR |       |       |
|------|----------|-------|-------|
|      | Masc.    | Fem.  | Neut. |
| Nom. | ein      | eine  | ein   |
| Acc. | einen    | eine  | ein   |
| Gen. | eines    | einer | eines |
| Dat. | einem    | einer | einem |

*Nominative*
(a) **Ein** Mann spielt Karten.
    **Eine** Frau trinkt Wein.
    **Ein** Mädchen kauft Brötchen.
(b) Das ist **ein** Wagen.
    Das ist **eine** Katze.
    Das ist **ein** Feuerzeug.

*Accusative*
Ich sehe **einen** Aschenbecher, **eine** Landkarte und **ein** Telefon.

*Genitive*
Sie ist in der Mitte **eines** Gartens.
Sie ist in der Mitte **einer** Stadt.
Sie ist in der Mitte **eines** Dorfes

*Dative*
Er gibt es **einem** Mann.
Er gibt es **einer** Frau.
Er gibt es **einem** Mädchen.

# 2. The Definite Article – (der/die/das)

|      | SINGULAR |      |       | PLURAL      |
|------|----------|------|-------|-------------|
|      | Masc.    | Fem. | Neut. | All Genders |
| Nom. | der      | die  | das   | die         |
| Acc. | den      | die  | das   | die         |
| Gen. | des      | der  | des   | der         |
| Dat. | dem      | der  | dem   | den         |

*Nominative*
(a) **Der** Mann ist alt.
    **Die** Bardame heißt Susi.
    **Das** Mädchen badet gern.
(b) Das ist **der** Wagen.      Das sind **die** Wagen. (plural)
    Das ist **die** Katze.      Das sind **die** Katzen.
    Das ist **das** Feuerzeug.  Das sind **die** Feuerzeuge.

*Accusative*
Hansi trägt **den** Koffer.     Er trägt **die** Koffer. (plural)
Renate liest **die** Zeitung.   Sie liest **die** Zeitungen.
Gisela bügelt **das** Kleid.    Sie bügelt **die** Kleider.

*Genitive*
Das ist ein Plan **des** Gartens.     (...**der** Gärten) (pl.)
Das ist ein Plan **der** Wohnung.     (...**der** Wohnungen)
Das ist ein Plan **des** Hauses.      (...**der** Häuser)

*Dative*
Sie gab es **dem** Koch.              (...**den** Köchen) (pl.)
Sie gab es **der** Empfangsdame.      (...**den** Empfangsdamen)
Sie gab es **dem** Kind.              (...**den** Kindern)

# 3. The Indefinite Article (negative) – (kein/keine/kein)

|      | SINGULAR |        |        | PLURAL      |
|------|----------|--------|--------|-------------|
|      | Mac.     | Fem.   | Neut.  | All Genders |
| Nom. | kein     | keine  | kein   | keine       |
| Acc. | keinen   | keine  | kein   | keine       |
| Gen. | keines   | keiner | keines | keiner      |
| Dat. | keinem   | keiner | keinem | keinen      |

Das ist **kein** Stuhl! (Nom.)
Er hat **keinen** Bruder. (Acc.)   Sie hat **keine** Geschwister.
                                              (Acc. pl.)

Note: The Genitive and Dative forms are seldom used.

## 4. Possessive Adjectives – (mein/meine/mein etc.)

|  | SINGULAR |  |  | PLURAL |
|---|---|---|---|---|
|  | *Masc.* | *Fem.* | *Neut.* | *All Genders* |
| *Nom.* | unser | unsere | unser | unsere |
| *Acc.* | unseren | unsere | unser | unsere |
| *Gen.* | unseres | unserer | unseres | unserer |
| *Dat.* | unserem | unserer | unserem | unseren |

⎫ our

Das ist **unser** Wagen. (Nom.)
Hast du **deinen** Bleistift? ⎫
Haben Sie **Ihren** Bleistift? ⎬ (Acc.)
Habt ihr **eure** Bleistifte? ⎭
Er spielt in der Mitte **meines** Gartens. (Gen.)
Sie gibt es **ihrem** Bruder. (Dat.)

*Similarly:*

| mein | meine | mein | meine | – *my* |
| dein | deine | dein | deine | – *your* |
| Ihr | Ihre | Ihr | Ihre | – *your* |
| sein | seine | sein | seine | – *his* |
| ihr | ihre | ihr | ihre | – *her* |
| sein | seine | sein | seine | – *its* |
| euer | eure | euer | eure | – *your* |
| Ihr | Ihre | Ihr | Ihre | – *your* |
| ihr | ihre | ihr | ihre | – *their* |

## 5. Demonstrative Adjectives – (dieser/diese/dieses etc.)

|  | SINGULAR |  |  | PLURAL |
|---|---|---|---|---|
|  | *Masc.* | *Fem.* | *Neut.* | *All Genders* |
| *Nom.* | dieser | diese | dieses | diese |
| *Acc.* | diesen | diese | dieses | diese |
| *Gen.* | dieses | dieser | dieses | dieser |
| *Dat.* | diesem | dieser | diesem | diesen |

⎫ *this (these)*

**Dieser** Mann liest eine Zeitung, **diese** Frau liest eine Zeitschrift, aber **jenes** Mädchen liest ein Buch. (Nom.)
Hast du **diesen** Film gesehen? (Acc.)
Der Sohn **dieses** Mannes spielt gern Fußball, aber der Sohn **jener** Frau spielt lieber Tennis. (Gen.)
Er gibt **diesem** Mann das Bier und **jenem** den Wein. (Dat.)

*Similarly:*

| jener | jene | jenes | – *jene that (those)* |
| jeder | jede | jedes | – *each, every* |

## 6. Interrogative Adjective – (welcher/welche/welches?)

|  | SINGULAR |  |  | PLURAL |
|---|---|---|---|---|
|  | *Masc.* | *Fem.* | *Neut.* | *All Genders* |
| *Nom.* | welcher | welche | welches | welche |
| *Acc.* | welchen | welche | welches | welche |
| *Gen.* | welches | welcher | welches | welcher |
| *Dat.* | welchem | welcher | welchem | welchen |

⎫ *which*

**Welcher** Fernsehapparat ist im Wohnzimmer? (Nom.)
**Welchen** Wagen fährt er? (Acc.)
Die Frau **welches** Mannes sitzt im Garten? (Gen.)
In **welchem** Laden kauft man Brot? (Dat.)

# 7. Personal Pronouns – (er/sie/es etc.)

|  | Nominative | Accusative | Dative |
|---|---|---|---|
| SINGULAR | ich (*I*) | mich | mir |
|  | du (*you*) | dich | dir |
|  | Sie (*you*) | Sie | Ihnen |
|  | er (*he*) | ihn | ihm |
|  | sie (*she*) | sie | ihr |
|  | es (*it*) | es | ihm |
| PLURAL | wir (*we*) | uns | uns |
|  | ihr (*you*) | euch | euch |
|  | Sie (*you*) | Sie | Ihnen |
|  | sie (*they*) | sie | ihnen |

Ich bin müde. (Nom.)
Er besuchte **mich** gestern abend. (Acc.)
Er gab es **mir**. (Dat.)

Wir sind müde. (Nom.)
Sie besuchten **uns** gestern abend. (Acc.)
Sie gaben es **uns**. (Dat.)

Seid **ihr** müde? (Nom.)
Haben sie **euch** gestern abend besucht? (Acc.)
Haben sie es **euch** gegeben? (Dat.)

*Note:*
When addressing members of your family, close friends, young children and animals, you should use the *du* form for "you" in the singular and the *ihr* form in the plural. In all other cases the *Sie* form for "you" should be used.

# 8. Interrogative Pronouns – (wer?/was?)

| Nom. | wer (*who*) | was (*what*) |
|---|---|---|
| Acc. | wen | was |
| Gen. | wessen | |
| Dat. | wem | |

**Wer** ist das?  
**Wer** liest die Zeitung? } (Nom.)
**Wen** siehst du im roten Sessel? (Acc.)
**Wessen** Schwester ist Maria? (Gen.)
**Wem** gibt er das Geld? (Dat.)

**Was** ist das? (Nom.)
**Was** siehst du auf dem Tisch? (Acc.)

*Note:*
With prepositions use *wo-* (*wor-* before vowels)
**Womit** schreibt er den Brief?
**Worauf** wartet er?
Also: woran? worüber? worin? wodurch?

# 9. Relative Pronouns – (der/die/das etc.)

|  | SINGULAR |  |  | PLURAL |
|---|---|---|---|---|
|  | *Masc.* | *Fem.* | *Neut.* | *All Genders* |
| Nom. | der | die | das | die |
| Acc. | den | die | das | die |
| Gen. | dessen | deren | dessen | deren |
| Dat. | dem | der | dem | denen |

Das ist der Mann, **der** in München wohnt. (Nom.)
Das ist der Mann, **den** ich gestern abend kennengelernt habe. (Acc.)
Das ist der Mann, **dessen** Frau krank ist. (Gen.)
Das ist der Mann, **dem** ich den Wagen verkaufte. } (Dat.)
Das ist der Mann, mit **dem** ich ins Kino ging.

Das ist die Frau, **die** in München wohnt. (Nom.)
Das ist die Frau, **die** ich gestern abend kennengelernt habe. (Acc.)
Das ist die Frau, **deren** Mann krank ist. (Gen.)
Das ist die Frau, **der** ich den Wagen verkaufte. } (Dat.)
Das ist die Frau, mit **der** ich ins Kino ging.

# 10. Adjectives

An adjective must have an ending in German if it is followed by a noun or if a noun is understood. Otherwise it is invariable.

Der Wagen ist **neu** – Die Wagen sind **neu**.
Die Landkarte ist **alt** – Die Landkarten sind **alt**.
Das Tal ist **schön** – Die Täler sind **schön**.

## 11. Adjectival Endings – (Group I)

When the adjective is preceded by the definite article or one of the following words: *dieser, jener, jeder, welcher,* it has the following endings:

|      | SINGULAR        |                |                  | PLURAL                              |
|------|-----------------|----------------|------------------|-------------------------------------|
|      | *Masc.*         | *Fem.*         | *Neut.*          | *All Genders*                       |
| Nom. | der jung**e** Mann    | die jung**e** Frau   | das jung**e** Mädchen  | die jung**en** Männer (Frauen) (Mädchen)  |
| Acc. | den **–en** Mann      | die **–e** Frau      | das **–e** Mädchen     | die jung**en** Männer (Frauen) (Mädchen)  |
| Gen. | des **–en** Mannes    | der **–en** Frau     | des **–en** Mädchens   | der jung**en** Männer (Frauen) (Mädchen)  |
| Dat. | dem **–en** Mann      | der **–en** Frau     | dem **–en** Mädchen    | den jung**en** Männern (Frauen) (Mädchen) |

Der **junge** Mann, die **junge** Frau und das **junge** Mädchen sind in der Eingangshalle. (Nom.)

Ich sehe den **jungen** Mann, die **junge** Frau und das **junge** Mädchen. (Acc.)

Sie ist die Frau dieses **jungen** Mannes.  
Er ist der Mann jener **jungen** Frau. } (Gen.)  
Er ist der Bruder jenes **jungen** Mädchens.

Karl brachte dem **jungen** Mann das Bier.  
Er brachte der **jungen** Frau den Kuchen. } (Dat.)  
Er brachte dem **jungen** Mädchen das Eis.

Die **alten** Männer spielten Karten. (Nom.)  
Ich sah die **alten** Männer im Klubzimmer. (Acc.)  
Die Freunde dieser **alten** Männer waren in der Kegelbahn. (Gen.)  
Karl brachte diesen **alten** Männern das Bier. (Dat.)

## 12. Adjectival Endings – (Group II)

When the adjective is preceded by the indefinite article, *kein* or a possessive adjective (*mein, dein* etc.), it has the following endings:

|      | SINGULAR           |                      |                      | PLURAL                                    |
|------|--------------------|----------------------|----------------------|-------------------------------------------|
|      | *Masc.*            | *Fem.*               | *Neut.*              | *All Genders*                             |
| Nom. | ein jung**er** Schüler   | eine jung**e** Schülerin   | ein jung**es** Kind       | meine jung**en** Schüler (Schülerinnen) (Kinder)     |
| Acc. | einen **–en** Schüler    | eine **–e** Schülerin      | ein **–es** Kind          | meine jung**en** Schüler (Schülerinnen) (Kinder)     |
| Gen. | eines **–en** Schülers   | einer **–en** Schülerin    | eines **–en** Kindes      | meiner jung**en** Schüler (Schülerinnen) (Kinder)    |
| Dat. | einem **–en** Schüler    | einer **–en** Schülerin    | einem **–en** Kind        | meinen jung**en** Schülern (Schülerinnen) (Kindern)  |

Mein **junger** Bruder ist acht Jahre alt.  
Meine **junge** Schwester besucht eine Volksschule. } (Nom.)  
Ein **junges** Mädchen tippt einen Brief.

Hast du meinen **neuen** Wagen, meine **neue** Landkarte und mein **neues** Buch gesehen? (Acc.)

Das ist ein Plan seines **neuen** Hauses.  
Das ist ein Plan meiner **neuen** Wohnung. } (Gen.)

Er fuhr mit seinem **neuen** Wagen nach Garmisch. (Dat.)

Seine **jungen** Freunde spielten Fußball. (Nom.)  
Hast du seine **jungen** Freunde gesehen? (Acc.)  
Die Schwester seiner **jungen** Freunde war in der Milchbar. (Gen.)  
Er ging mit seinen **jungen** Freunden ins Kino. (Dat.)

# 13. Adjectival Endings – (Group III)

When the adjective stands alone before a noun, it has the following endings:

|      | SINGULAR         |              |              | PLURAL           |
|------|------------------|--------------|--------------|------------------|
|      | *Masc.*          | *Fem.*       | *Neut.*      | *All Genders*    |
| Nom. | kalt**er** Wein  | kalt**e** Milch | kalt**es** Bier | kalt**e** Getränke |
| Acc. | kalt**en** Wein  | kalt**e** Milch | kalt**es** Bier | kalt**e** Getränke |
| Gen. | kalt**en** Weins | kalt**er** Milch | kalt**en** Biers | kalt**er** Getränke |
| Dat. | kalt**em** Wein  | kalt**er** Milch | kalt**em** Bier | kalt**en** Getränken |

*Note:*
The plural endings are also used after *einige* (several), *ein paar* (a few), *viele* (many), *mehrere* (several) and numbers.

**Guter** Wein ist teurer als **schlechter** Wein.
**Kalte** Milch schmeckt besser als **warme** Milch. } (Nom.)
**Kaltes** Bier schmeckt besser als **warmes** Bier.

Er trinkt **kalte** Milch gern, er trinkt **kaltes** Bier lieber, aber am liebsten trinkt er **kalten** Wein. (Acc.)

Karl trägt eine Flasche **kalten** Weins, ein Glas **kalter** Milch und ein Glas **kalten** Biers auf seinem Tablett. (Gen.)

Bei **schlechtem** Wetter bleibt man lieber zu Hause. (Dat.)

Viele **junge** Menschen tanzen in der Forellenbar. (Nom.)
Sie kaufte **neue** Kleider. } (Acc.)
Sie fingen einige **große** Fische.
Hansi trägt die Koffer **neuer** Gäste nach oben. (Gen.)
Er geht mit einigen **neuen** Gästen nach oben. (Dat.)

# 14. Comparison of Adjectives

(a) Add *–er* to the normal form of the adjective for the Comparative.
(b) Add *–st* or *–est* for the Superlative.
(c) Most adjectives of one syllable take Umlaut in the Comparative and Superlative.
   e.g.:
   alt, älter, der älteste (am ältesten)
   jung, jünger, der jüngste (am jüngsten)
(d) Never put an Umlaut over the diphthong *au*.
   e.g.:
   laut, lauter, der lauteste (loud, louder, loudest)
(e) *Note: Irregular comparisons*
   hoch, höher, der höchste (am höchsten)
   nah, näher, der nächste (am nächsten)
   gut, besser, der beste (am besten)
(f) Comparative and superlative adjectives take the same endings as their positive forms. (See paragraphs 11, 12 and 13).

Herr Fiedler ist **klein**, Max ist **kleiner**, aber Johann ist **am kleinsten** (**der kleinste** der drei Männer.)

Der amerikanische Film war **interessant**, der englische war **interessanter**, aber der französische war **am interessantesten** (**der interessanteste** der drei Filme).

Das ist sein **jüngster** Bruder. Er hat auch einen **älteren** Bruder.

# 15. Prepositions

Reference is made only to those prepositions which appear in this book.
(a) The following prepositions are always used only with the **DATIVE**:
   **aus** (out of), **von** (from), **zu** (to), **nach** (to, after), **bei** (at), **seit** (for, since), **gegenüber** (opposite), **mit** (with)

Er nahm das Feuerzeug aus **der** Tasche.
Er fuhr von **der** Stadt **zum** Dorf.
Nach **dem** Frühstück verließ er das Haus.
Er wohnt bei **seiner** Schwester.
Ich habe kein Geld bei **mir**.
Er wohnt gegenüber **dem** Hotel.
Ich lerne Deutsch seit **einem** Jahr.
Er ging mit **seinem** Freund ins Kino.

| | |
|---|---|
| (b) The following prepositions are used with either the **ACCUSATIVE** or **DATIVE**:<br>**an** (on), **auf** (on), **in** (in), **neben** (next to), **vor** (in front of), **hinter** (behind), **zwischen** (between), **über** (over, above), **unter** (under, below) | Sie gehen in **den** Garten, um Fußball zu spielen.<br>Sie spielen Fußball **im** Garten.<br><br>Sie fuhren in **die** Stadt, um einen Film zu sehen.<br>Sie sahen den Film in **der** Stadt.<br><br>Er springt **ins** Wasser, um zu schwimmen.<br>Er schwimmt **im** Wasser.<br><br>Sie setzten sich auf **das** Gras.<br>Sie sitzen auf **dem** Gras.<br><br>Der Kellner legt die Gabel und das Messer neben **den** Teller.<br>Die Gabel und das Messer sind neben **dem** Teller. |
| (c) The following prepositions are used always with the **ACCUSATIVE**:<br>**für** (for), **durch** (through), **entlang** (along). | Er kaufte den Schlips für **seinen** Sohn, die Schallplatte für **seine** Tochter und das Spielzeug für **das** Baby.<br>Er macht Ausflüge für **die** Gäste.<br>Sie machten einen Spaziergang durch **das** Dorf.<br>Sie liefen **die** Straße entlang. |
| (d) The following prepositions are used with the **GENITIVE**: **während** (during), **wegen** (on account of, because of), **diesseits** (on this side of), **jenseits** (on the other side of). | Die Zimmermädchen arbeiten während **des** Tages im Hotel.<br>Johann paßt während **der** Nacht im Hotel auf.<br>Wegen **des** Wetters mußten sie im Hotel bleiben.<br>Wegen **des** bayrischen Abends war der Eßsaal sehr voll. |
| *Note:*<br>Contraction of certain prepositions takes place with the definite article:<br>**zum**   zu dem<br>**zur**   zu der<br>**im**    in dem<br>**ins**   in das<br>**am**    an dem<br>**beim**  bei dem | Sie gingen **zum** Freibad.<br>Sie fuhr **zur** Schule.<br>Sie liest **im** Wohnzimmer.<br>Sie geht **ins** Kino.<br>Ich werde dich **am** Samstag sehen.<br>Man kauft Brot **beim** Bäcker. |

# 16. Expressions of Time

| | |
|---|---|
| (a) Definite time: Accusative. | **Letzten** Samstag ging ich ins Kino.<br>**Nächste** Woche werde ich nach Garmisch fahren.<br>**Jedes** Jahr fahre ich nach Deutschland. |
| (b) Indefinite time: Genitive. | **Eines** Jahres werde ich nach Deutschland fahren. |
| (c) Time started in the past and uncompleted: **seit** with the Dative. | Paul ist **seit einem Jahr** verheiratet.<br>Ich lerne Deutsch **seit einem Jahr**.<br>Er wohnt **seit fünf Jahren** in Windsor. |
| (d) With prepositions: | um 8 Uhr         von 9.25 bis 10.00 Uhr.<br>im Frühling     am nächsten Morgen<br>im März          am folgenden Morgen<br>Am Montag<br>Am Wochenende   früh am Morgen/spät am Abend. |

(e) Other expressions of time:

morgens
abends
samstags

| gestern | gestern abend |
| heute | heute abend |
| morgen | morgen abend |

einmal, zweimal, dreimal ... in der Woche.

# 17. Use of Cases

(a) The **NOMINATIVE** case is used:
  1. For the subject of a clause or sentence:

  **Der Koch** und **die Küchenhilfe** arbeiten in der Küche.
  **Das Mädchen** ißt ein Eis.

  2. For the complement of a clause or sentence:
  (e.g. after *sein, werden, heißen*.)

  Der Koch ist **der junge Mann**.
  Der Nachtportier ist **der alte Mann**.

(b) The **ACCUSATIVE** case is used:
  1. For the direct object of a clause or sentence:

  Ich sehe **einen** Aschenbecher, **eine** Landkarte und **ein** Telefon.

  2. After prepositions which take the Accusative:

  Er kaufte es für **seinen** Bruder.
  Er fuhr durch **das** Dorf und dann **die** Straße entlang.

  3. After prepositions which take either the Accusative or the Dative:

  Er ging in **den** Fernsehraum, um fernzusehen.
  Er sah **im** Fernsehraum fern.

  4. With certain expressions of time:

  nächst**en** Monat/letzt**e** Woche/jed**es** Jahr.

(c) The **GENITIVE** case is used:
  1. To indicate possession

  Die Tochter **des Mannes**.
  Der Wagen **der Frau**.
  Das Fahrrad **des Mädchens**.

  2. After prepositions which take the Genitive:

  während **des** Tages
  während **der** Nacht

  3. With certain expressions of time:

  **eines** Tages,/**eines** Jahres.

(d) The **DATIVE** case is used:
  1. For the indirect object of a clause or sentence:

  Er gab **dem** Mann das Buch. (See page 167, 28(f))

  2. After prepositions which take the Dative:

  mit **dem** Bus
  nach **dem** Frühstück
  seit **einem** Jahr

  3. After prepositions which take either the Dative or Accusative:

  Er ging auf **die** Terrasse, um ein Eis zu essen.
  Er aß ein Eis auf **der** Terrasse.

  4. After certain verbs:

  Er hilft **seinem** Vater.
  Der Film gefiel **ihm**.
  Hat **Ihnen** das Essen geschmeckt?

# 18. Verbs

Verbs in German are either regular or irregular. The regular verbs are usually called WEAK and the irregular ones STRONG. (A few verbs combine the characteristics of both types and are called MIXED.

# 19. Use of Tenses

## (a) Present

German has only one form of the Present Tense whereas English has three:
**Er arbeitet** – He works.
　　　　　　　He is working.
　　　　　　　He does work.

## (b) Future

**Er wird arbeiten** – He will work.
　　　　　　　　　He is going to work.

## (c) Imperfect

This tense too has three forms in English:
**Er arbeitete** – He worked.
　　　　　　　He was working.
　　　　　　　He used to work.

The Imperfect is the normal tense of narrative:
*Sie stand auf, ging ins Badezimmer, wusch sich etc.*

## (d) Perfect

　**Er hat gearbeitet** – He worked.
　　　　　　　　　　He has worked.
　　　　　　　　　　He did work.
　**Er ist gegangen** – He went.
　　　　　　　　　　He has gone.
　　　　　　　　　　He did go.
　1. The Perfect is used for single actions in the immediate past:
　　　*Andrew ist gestern gekommen.*
　2. In colloquial German, especially in Southern Germany, the Perfect is the narrative tense.

*Note:*
The difference between the Perfect and Imperfect is often very slight. It could be said that the Imperfect is used more as the narrative tense in writing and the Perfect in speech.

# 20. The Present Tense

## (a) Weak (regular)

*kochen* (to cook)
ich koche　　　wir kochen
du koch**st**　　ihr koch**t**
Sie kochen　　Sie kochen
er ⎫
sie ⎬ koch**t**　　sie kochen
es ⎭

## (b) Strong (irregular)

Strong verbs show irregularities in the *er, sie, es* forms and in the *du* form.

*essen* (to eat)
ich esse　　　wir essen
du **ißt**　　　ihr eßt
Sie essen　　Sie essen
er ⎫
sie ⎬ **ißt**　　sie essen
es ⎭

*tragen* (to wear, carry)
ich trage　　　wir tragen
du **trägst**　　ihr tragt
Sie tragen　　Sie tragen
er ⎫
sie ⎬ **trägt**　　sie tragen
es ⎭

*lesen* (to read)
ich lese　　　wir lesen
du **liest**　　ihr lest
Sie lesen　　Sie lesen
er ⎫
sie ⎬ **liest**　　sie lesen
es ⎭

## (c) Reflexive verbs

*sich waschen* (to get washed)
ich wasche mich　　wir waschen uns
du **wäschst** dich　　ihr wascht euch
Sie waschen sich　　Sie waschen sich
er ⎫
sie ⎬ **wäscht** sich　　sie waschen sich
es ⎭

## (d) Separable verbs

The first part of this type of verb is called the PREFIX and is normally found at the end of the clause or sentence.

*fernsehen* (to watch television)
ich sehe ... *fern*　　wir sehen ... *fern*
du **siehst** ... *fern*　　ihr seht ... *fern*
Sie sehen ... *fern*　　Sie sehen ... *fern*
er ⎫
sie ⎬ **sieht** ... *fern*　　sie sehen ... *fern*
es ⎭

*sich abtrocknen* (to dry oneself)
ich trockne mich ... *ab*　　wir trocknen uns ... *ab*
du trocknest dich ... *ab*　　ihr trocknet euch ... *ab*
Sie trocknen sich ... *ab*　　Sie trocknen sich ... *ab*
er ⎫
sie ⎬ trocknet sich ... *ab*　　sie trocknen sich ... *ab*
es ⎭

## (e) Auxiliary verbs

*sein* (to be)

| | |
|---|---|
| ich bin | wir sind |
| du bist | ihr seid |
| Sie sind | Sie sind |
| er / sie / es } ist | sie sind |

*haben* (to have)

| | |
|---|---|
| ich habe | wir haben |
| du hast | ihr habt |
| Sie haben | Sie haben |
| er / sie / es } hat | sie haben |

*werden* (to become)

| | |
|---|---|
| ich werde | wir werden |
| du wirst | ihr werdet |
| Sie werden | Sie werden |
| er / sie / es } wird | sie werden |

## (b) Strong Verbs (irregular)

*essen* (to eat)

| | |
|---|---|
| ich aß | wir aßen |
| du aßt | ihr aßt |
| Sie aßen | Sie aßen |
| er / sie / es } aß | sie aßen |

*tragen* (to wear, carry)

| | |
|---|---|
| ich trug | wir trugen |
| du trugst | ihr trugt |
| Sie trugen | Sie trugen |
| er / sie / es } trug | sie trugen |

*lesen* (to read)

| | |
|---|---|
| ich las | wir lasen |
| du last | ihr last |
| Sie lasen | Sie lasen |
| er / sie / es } las | sie lasen |

## (c) Auxiliary Verbs

(i) *sein*

| | |
|---|---|
| ich war | wir waren |
| du warst | ihr wart |
| Sie waren | Sie waren |
| er / sie / es } war | sie waren |

(ii) *haben*

| | |
|---|---|
| ich hatte | wir hatten |
| du hattest | ihr hattet |
| Sie hatten | Sie hatten |
| er / sie / es } hatte | sie hatten |

(iii) *werden*

| | |
|---|---|
| ich wurde | wir wurden |
| du wurdest | ihr wurdet |
| Sie wurden | Sie wurden |
| er / sie / es } wurde | sie wurden |

# 21. The Future Tense

The Future tense is formed from the Present tense forms of *werden* together with the INFINITIVE of the verb which is normally found at the end of the clause or sentence.

| | |
|---|---|
| ich werde … aufstehen | wir werden … aufstehen |
| du wirst … aufstehen | ihr werdet … aufstehen |
| Sie werden … aufstehen | Sie werden … aufstehen |
| er / sie / es } wird … aufstehen | sie werden … aufstehen |

*Beispiele:*
Ich **werde** in die Kegelbahn **gehen**.
Du **wirst** im Fernsehraum **fernsehen**.
Sie **werden** Ihren Schlüssel **holen**.
Er **wird** sich **abtrocknen**.

Wir **werden** ins Kino **gehen**.
Ihr **werdet** Tennis **spielen**.
Sie **werden** nach Garmisch **fahren**.
Sie **werden** in der Stadt **einkaufen**.

# 22. The Imperfect Tense

## (a) Weak Verbs (regular)

| | |
|---|---|
| ich kochte | wir kochten |
| du kochtest | ihr kochtet |
| Sie kochten | Sie kochten |
| er / sie / es } kochte | sie kochten |

# 23. The Perfect Tense

The Perfect Tense is formed from the Present tense forms of either *haben* or *sein* together with the PAST PARTICIPLE which is normally at the end of the clause or sentence. (The past participle of a strong verb ends in –**en**, of a weak verb in –**t**.

## (a) Weak Verbs

| | |
|---|---|
| ich habe … gekocht | wir haben … gekocht |
| du hast … gekocht | ihr habt … gekocht |
| Sie haben … gekocht | Sie haben … gekocht |
| er / sie / es } hat … gekocht | sie haben … gekocht |

### (b) Strong Verbs

*essen*

| | |
|---|---|
| ich **habe** ... geges**sen** | wir **haben** ... geges**sen** |
| du **hast** ... geges**sen** | ihr **habt** ... geges**sen** |
| Sie **haben** ... geges**sen** | Sie **haben** ... geges**sen** |
| er ⎫ | |
| sie ⎬ **hat** ... geges**sen** | sie **haben** ... geges**sen** |
| es ⎭ | |

*gehen*

| | |
|---|---|
| ich **bin** ... gegang**en** | wir **sind** ... gegang**en** |
| du **bist** ... gegang**en** | ihr **seid** ... gegang**en** |
| Sie **sind** ... gegang**en** | Sie **sind** ... gegang**en** |
| er ⎫ | |
| sie ⎬ **ist** ... gegang**en** | sie **sind** ... gegang**en** |
| es ⎭ | |

### (c) Verbs that take "sein"

The more common verbs used in this book that take *sein* are:

**gehen** (Er **ist** in die Küche gegangen.)
**fahren** (Er **ist** in die Stadt gefahren.)
**aufstehen** (Er **ist** um 7 Uhr aufgestanden.)
**laufen** (Er **ist** die Straße entlanggelaufen.)
**kommen** (Er **ist** aus dem Kino gekommen.)
**springen** (Er **ist** ins Wasser gesprungen.)
**einsteigen** (Er **ist** in den Bus eingestiegen.)
**aussteigen** (Er **ist** aus dem Zug ausgestiegen.)
**sein** (Er **ist** im Kino gewesen.)
**werden** (Er **ist** müde geworden.)
**geschehen** (Was **ist** dann geschehen?)
**bleiben** (**Ist** er in der Gaststube geblieben?)

## 24. The Imperative

The Imperative forms are used for giving commands. The usual forms for both strong and weak verbs are as follows:

(a) Reiche (*du* form) – **Reiche** mir das Buch!
Reicht (*ihr* form) – **Reicht** mir das Buch!
Reichen Sie (*Sie* form – singular and plural)
  – **Reichen Sie** mir das Buch!
(Trage! Tragt! Tragen Sie!)
(b) The *e* of the *du* form is often dropped. (**geh'**, **komm'**)
(c) Strong verbs with the stem vowel *e* mostly change the *e* to *ie* or *i* in the *du* form:

**lies**! (from lesen)
**nimm**! (from nehmen)
**gib**! (from geben)

## 25. Modal Verbs

There are six modal verbs. They are:
**können** – to be able to (can)
**dürfen** – to be allowed to (may, can)
**müssen** – to have to (must)
**mögen** – to should/would like to.
**wollen** – to want to
**sollen** – to ought to (should)

### (a) Present Tense

| | |
|---|---|
| ich **kann** | wir **können** |
| du **kannst** | ihr **könnt** |
| Sie **können** | Sie **können** |
| er ⎫ | |
| sie ⎬ **kann** | sie **können** |
| es ⎭ | |

Similarly: ich darf/ich muß/ich will/ich soll/ich mag.

### (b) Imperfect Tense

| | |
|---|---|
| ich **konnte** | wir **konnten** |
| du **konntest** | ihr **konntet** |
| Sie **konnten** | Sie **konnten** |
| er ⎫ | |
| sie ⎬ **konnte** | sie **konnten** |
| es ⎭ | |

Similarly: ich durfte/ich mußte/ich wollte/ich sollte/ich mochte.

(c) *Note*:
Modal verbs are used with the Infinitive which is normally at the end of the clause or sentence.

Ich **will** ins Kino **gehen**
Ich **wollte** Tennis **spielen**

Wir **müssen** nach Garmisch **fahren**
Sie **mußten** ihre Hausaufgaben **machen**.

Note the special forms:
Morgen **könnten** wir ins Freibad **gehen**.
(We could go to the swimming pool tomorrow)
Ich **möchte** noch eine Tasse Kaffee, bitte.
(I'd like another cup of coffee please.)

## 26. Survey of Tenses

### (a) Present

Jeden Tag **stehe** ich um 7 Uhr **auf**.
Ich **gehe** ins Badezimmer.
Ich **wasche** mich.
Ich **trockne** mich **ab**.
Ich **putze** mir die Zähne.

### (b) Future

Morgen **werde** ich um 7 Uhr **aufstehen**.
Ich **werde** ins Badezimmer **gehen**.
Ich **werde** mich **waschen**.
Ich **werde** mich **abtrocknen**.
Ich **werde** mir die Zähne **putzen**.

### (c) Imperfect

Gestern **stand** ich um 7 Uhr **auf**.
Ich **ging** ins Badezimmer.
Ich **wusch** mich.
Ich **trocknete** mich **ab**.
Ich **putzte** mir die Zähne.

**(d) Perfect**

Gestern **bin** ich um 7 Uhr **aufgestanden**.
Ich **bin** ins Badezimmer **gegangen**.
Ich **habe** mich **gewaschen**.
Ich **habe** mich **abgetrocknet**.
Ich **habe** mir die Zähne **geputzt**.

# 27. Um ... zu

There are four main patterns (The Infinitive is used with *zu* and is always at the end of the clause or sentence.)
  Sie ging in die Küche, **um zu kochen**. (Ordinary strong or weak verb.)
Sie ging ins Wohnzimmer, **um fernzusehen**. (Verb with separable prefix.)
  Sie ging ins Badezimmer, **um sich zu waschen**. (Reflexive verb.)
  Sie ging ins Schlafzimmer, **um sich anzuziehen**. (Reflexive verb with separable prefix.)

# 28. Word Order

(a) Past participles and infinitives are normally at the end of a clause or sentence:
  Er ist in die Stadt **gefahren**.
  Er wird in die Stadt **fahren**.
  Er muß in die Stadt **fahren**.
  Er steigt in seinen Wagen ein, um in die Stadt zu **fahren**.
(b) The verb is normally the second idea in a sentence:
  Sie **fährt** jeden Tag zur Schule.
  Jeden Tag **fährt** sie zur Schule.

  Sie **wird** morgen zur Schule fahren.
  Morgen **wird** sie zur Schule fahren.

  Sie **ist** gestern zur Schule gefahren.
  Gestern **ist** sie zur Schule gefahren.

  Sie **fährt** zur Schule, nachdem sie in den Bus eingestiegen ist.
  Nachdem sie in den Bus eingestiegen ist, **fährt** sie zur Schule.
(c) The verb is, however, sent to the end of a clause after the following words:

| | |
|---|---|
| **wenn** (when) | **weil** (because) |
| **als** (when) | **da** (as/because) |
| **bevor** (before) | **daß** (that) |
| **nachdem** (after) | **der/die/das** (Relative pronouns |
| **während** (while) | – who, which, that.) |

**Wenn** sie in die Stadt **fährt**.
**Als** sie in die Stadt **fuhr**.
**Bevor** sie nach Garmisch **fahren**.
**Nachdem** sie ins Kino gegangen **sind**.
**Während** er seine Pfeife **raucht**.
**Weil** sie nicht ins Kino gehen **konnten**.
**Da** es während des Tages geregnet **hat**.

Der Mann, **der** im Fernsehraum **saß**.
Die Frau, **deren** Mann krank **ist**.
Das Mädchen, mit **dem** ich ins Kino **ging**.

(d) There is no change of word order after:
  **und** (and)
  **oder** (or)
  **aber** (but)
  Sie ging in die Küche, und sie bereitete das Frühstück.
  Wir könnten ins Kino gehen, oder wir könnten zu Hause bleiben.
  Ich könnte zu Hause bleiben, aber ich gehe lieber ins Kino.
(e) In a German clause or sentence, expressions of TIME precede those of MANNER and those of MANNER precede those of PLACE:
  TIME (Wann?) MANNER (Wie?)
  PLACE (Wo?/Wohin?)
  Gestern abend ging ich mit einem Freund ins Kino.
  Letzten Sommer flogen wir mit dem Flugzeug nach Deutschland.
  Gestern nachmittag gingen wir schnell die Straße entlang.
(f) *Direct and Indirect Objects.*
  1. When there are two nouns in a clause or sentence, the Indirect Object (Dative) precedes the Direct Object (Accusative):
   Karl gab **dem** Mann **den** Wein.
  2. When there are two pronouns in a clause or sentence, the Direct Object (Accusative) precedes the Indirect Object (Dative):
   Karl gab **ihn ihm**.
  3. When there are a noun and a pronoun in the clause or sentence, the pronoun precedes the noun.
   Karl gab **ihn** dem Mann.
   Karl gab **ihm** den Wein.
(g) The verb is inverted in questions:
  **Schläft** sie im Wohnzimmer?
  **Ist** sie in der Stadt gewesen?

# 29. Question Forms

A. 1. Was ist das? – (What's that?)
 2. Wer ist das? – (Who is that?)
 3. Was siehst du? – (What can you see?)
 4. Wen siehst du? – (Whom can you see?)
 5. Wessen Bruder ist er? – (Whose brother is he?)
 6. Wem gab er es? – (To whom did he give it?)
 7. Welcher Wagen ist es? – (Which car is it?)
 8. Welchen Wagen siehst du? – (Which car can you see?)
 9. Mit welchem Wagen fuhren sie? (In which car did they go?)
 10. Was für ein Wagen ist es? – (What sort of a car is it?)
 11. Was für einen Wagen hat er? – (What sort of a car has he got?)
 12. Mit was für einem Wagen fuhren sie? (In what sort of a car did they go?)

**B.**
1. Wann? (When?)
2. Um wieviel Uhr? – (At what time?)
3. In welchem Monat/Jahr? – (In which month/year?)
4. Wie fuhren sie? – (How did they go?)
5. Wie ist es? – (What's it like?)
6. Womit schreibst du? – (What do you write with?)
7. Warum? – (Why?)
8. Wozu? – (Why?/For what purpose?)

**C.**
1. Was macht sie? – (What does she do?)
2. Was wird sie machen? – (What will she do?)
3. Was machte sie? – (What did she do?)
4. Was hat sie gemacht? – (What did she do?)

**D.**
1. Was geschieht dann? – (What happens then?)
2. Was wird dann geschehen? – (What will happen then?)
3. Was geschah dann? – (What happened then?)
4. Was ist dann geschehen? – (What happened then?)

# 30. Plural Formation of Nouns

The formation of noun plurals in German often causes difficulty. The following list has been prepared for final revision after Book I has been completed. It contains most of the nouns that have appeared.

## A. Masculine Nouns (*der* words)

1. The majority of masculine nouns ending in *-el, -en* or *-er* have the same form in the plural as they do in the singular. A few add an umlaut in the plural.

(a)
der Absender (–)
der Apotheker (–)
der Aschenbecher (–)
der Bäcker (–)
der Becher (–)
der Besen (–)
der Brunnen (–)
der Eimer (–)
der Finger (–)
der Fleischer (–)
der Füller (–)
der Gegner (–)
der Gemüsehändler (–)
der Gipfel (–)
der Groschen (–)
der Himmel (–)
der Hocker (–)
der Keller (–)
der Kellner (–)
der Kilometer (–)
der Köder (–)
der Koffer (–)
der Kuchen (–)
der Kugelschreiber (–)
der Lebensmittelhändler (–)
der Lehrer (–)
der Liter (–)
der Löffel (–)
der Meter (–)
der Metzger (–)
der Morgen (–)
der Plattenspieler (–)
der Pullover (–)
der Roller (–)
der Schinken (–)
der Schlüssel (–)
der Schuhplattler (–)
der Schüler (–)
der Sessel (–)
der Spargel (–)
der Spiegel (–)
der Spieler (–)
der Staublappen (–)
der Staubsauger (–)
der Teller (–)
der Verkäufer (–)
der Wagen (–)
der Zentimeter (–)
der Zentner (–)

(b)
der Apfel (⸗)
der Bruder (⸗)
der Flughafen (⸗)
der Garten (⸗)
der Gemüseladen (⸗)
der Hafen (⸗)
der Magen (⸗)
der Mantel (⸗)
der Ofen (⸗)
der Regenmantel (⸗)
der Vater (⸗)

2. The majority of other masculine nouns form their plural by adding *–e* or *⸗e*.

(a)
der Abend (–e)
der Arm (–e)
der Aufenthalt (–e)
der Ausblick (–e)
der Bahnsteig (–e)
der Berg (–e)
der Besuch (–e)
der Bleistift (–e)
der Brieffreund (–e)
der Brief (–e)
der Couchtisch (–e)
der Empfangstisch (–e)
der Erfolg (–e)
der Fernsehapparat (–e)
der Film (–e)
der Fisch (–e)
der Fotoapparat (–e)
der Freund (–e)
der Friseur (–e)
der Gasherd (–e)
der Geburtstag (–e)
der Handschuh (–e)
der Hund (–e)
der König (–e)
der Likör (–e)
der Monat (–e)
der Nachbarort (–e)
der Nachmittag (–e)
der Nachttisch (–e)
der Ort (–e)
der Pfennig (–e)
der Preis (–e)
der Rasierapparat (–e)
der Regenschirm (–e)
der Salat (–e)
der Schein (–e)
der Schlips (–e)
der Schornstein (–e)
der Schuh (–e)
der Skilift (–e)
der Spültisch (–e)
der Tag (–e)
der Tankwart (–e)
der Teil (–e)
der Teppich (–e)
der Tisch (–e)
der Toilettentisch (–e)
der Vergleich (–e)
der Vormittag (–e)
der Weg (–e)
der Wein (–e)

(b)
der Abhang (⸗e)
der Abzug (⸗e)
der Anzug (⸗e)
der Apfelbaum (⸗e)
der Arzt (⸗e)
der Aufbruch (⸗e)
der Ausflug (⸗e)
der Badeanzug (⸗e)
der Bahnhof (⸗e)
der Ball (⸗e)
der Bart (⸗e)
der Baum (⸗e)
der Briefumschlag (⸗e)
der Bücherschrank (⸗e)
der Chor (⸗e)
der Dorfplatz (⸗e)
der Eindruck (⸗e)
der Fahrplan (⸗e)
der Fahrstuhl (⸗e)
der Fall (⸗e)
der Fernsehraum (⸗e)
der Fluß (⸗sse)
der Friedhof (⸗e)
der Gang (⸗e)
der Gast (⸗e)
der Grund (⸗e)
der Gummibaum (⸗e)
der Hintergrund (⸗e)
der Hut (⸗e)
der Kamm (⸗e)
der Kirschbaum (⸗e)
der Kleiderschrank (⸗e)
der Koch (⸗e)
der Kontrabaß (–bässe)
der Kopf (⸗e)
der Korb (⸗e)
der Krug (⸗e)
der Kühlschrank (⸗e)
der Papierkorb (⸗e)
der Platz (⸗e)
der Rock (⸗e)
der Schnaps (⸗e)
der Schnurrbart (⸗e)
der Schrank (⸗e)
der Spaziergang (⸗e)
der Stock (⸗e)
der Strumpf (⸗e)
der Stuhl (⸗e)

168

der Stundenplan (⸚e)
der Toilettenschrank (⸚e)
der Topf (⸚e)
der Vordergrund (⸚e)
der Vorhang (⸚e)
der Vorschlag (⸚e)
der Wandschrank (⸚e)
der Zahn (⸚e)
der Zahnarzt (⸚e)
der Zug (⸚e)
der Zuschlag (⸚e)

3. A few masculine nouns form their plurals by adding ⸚er.
   der Mann (⸚er)
   der Mund (⸚er)
   der Rand (⸚er)

4. Others add –s.
   der Bungalow (–s)
   der Friseursalon (–s)
   der Gummi (–s)
   der Hotelboy (–s)
   der Jugendklub (–s)
   der Park (–s)
   der Schal (–s)

5. A few nouns (so called weak masculine nouns) form their plural by adding –n or –en. (These also add –n or –en to the Accusative, Genitive and Dative singular forms.)
   der Bursche (–n)
   der Fotograf (–en)
   der Herr (–en)
   der Junge (–n)
   der Mensch (–en)

## B. Feminine Nouns (*die* words)

1. The majority of feminine nouns form their plural by adding –n or –en.

die Adresse (–n)
die Angel (–n)
die Angelausrüstung (–en)
die Angelrute (–n)
die Antwort (–en)
die Apfelsine (–n)
die Apotheke (–n)
die Armbanduhr (–en)
die Art (–en)
die Aufführung (–en)
die Aussicht (–en)
die Bäckerei (–en)
die Badehose (–n)
die Badewanne (–n)
die Banane (–n)
die Bardame (–n)
die Bestellung (–en)
die Birne (–n)
die Blockflöte (–n)
die Blume (–n)
die Bluse (–n)
die Bohne (–n)
die Bratsche (–n)
die Briefmarke (–n)
die Brombeere (–n)
die Brücke (–n)
die Bühne (–n)
die Dame (–n)
die Damentoilette (–n)
die Decke (–n)
die Doppelstunde (–n)
die Drogerie (–n)
die Eingangshalle (–n)
die Eintrittskarte (–n)
die Einzelstunde (–n)
die Empfangsdame (–n)
die Erbse (–n)
die Erdbeere (–n)
die Fahrt (–en)
die Fähre (–n)
die Familie (–n)
die Farbe (–n)
die Flasche (–n)
die Fliege (–n)
die Flöte (–n)
die Flüssigkeit (–en)
die Forelle (–n)
die Frau (–en)
die Friseuse (–n)
die Gabel (–n)
die Gallone (–n)
die Garage (–n)
die Gaststube (–n)
die Gegend (–en)
die Geige (–n)
die Gesamtschule (–n)
die Geschäftsfrau (–en)
die Geschichte (–n)
die Getränkekarte (–n)
die Grenze (–n)
die Grippe (–n)
die Gurke (–n)
die Haarbürste (–n)
die Haltestelle (–n)
die Haustür (–en)
die Herrentoilette (–n)
die Hilfe (–n)
die Himbeere (–n)
die Holzbrücke (–n)
die Hose (–n)
die Hotelfachschule (–n)
die Idee (–n)
die Jacke (–n)
die Jahreszeit (–en)
die Johannisbeere (–n)
die Kaffeekanne (–n)
die Kapelle (–n)
die Karotte (–n)
die Karte (–n)
die Kartoffel (–n)
die Kasse (–n)
die Katze (–n)
die Kegelbahn (–en)
die Kinokarte (–n)
die Kirche (–n)
die Kirsche (–n)
die Klarinette (–n)
die Klasse (–n)
die Konditorei (–en)
die Küche (–n)
die Küchenhilfe (–n)
die Lampe (–n)
die Landkarte (–n)
die Landschaft (–en)
die Mansarde (–n)
die Mappe (–n)
die Marmelade (–n)
die Meile (–n)
die Metzgerei (–en)
die Minute (–n)
die Mitte (–n)
die Mittelschule (–n)
die Münze (–n)
die Nachspeise (–n)
die Nase (–n)
die Pause (–n)
die Pfeife (–n)
die Pflaume (–n)
die Platte (–n)
die Posaune (–n)
die Rechnung (–en)
die Rundfahrt (–en)
die Rundreise (–n)
die Scheibe (–n)
die Schreibmaschine (–n)
die Schulter (–n)
die Schule (–n)
die Schulmappe (–n)
die Schwester (–n)
die Seife (–n)
die Sekunde (–n)
die Socke (–n)
die Sonne (–n)
die Speisekarte (–n)
die Sperre (–n)
die Sprache (–n)
die Stachelbeere (–n)
die Stadtmitte (–n)
die Station (–en)
die Stehlampe (–n)
die Stimme (–n)
die Stimmung (–en)
die Straße (–n)
die Straßenbahn (–en)
die Strumpfhose (–n)
die Stunde (–n)
die Suppe (–n)
die Tafel (–n)
die Tankstelle (–n)
die Tasche (–n)
die Taschenuhr (–en)
die Tasse (–n)
die Telefonzelle (–n)
die Terrasse (–n)
die Toilette (–n)
die Tomate (–n)
die Torte (–n)
die Treppe (–n)
die Trommel (–n)
die Tube (–n)
die Tür (–en)
die U-Bahn (–en)
die Uhr (–en)
die Umgebung (–en)
die Untertasse (–n)
die Vase (–n)
die Vergrößerung (–en)
die Verwandtschaft (–en)
die Viertelstunde (–n)
die Violine (–n)
die Volksschule (–n)
die Volksweise (–n)
die Vorspeise (–n)
die Wiese (–n)
die Woche (–n)
die Wolke (–n)
die Wolljacke (–n)
die Zahnbürste (–n)
die Zahl (–en)
die Zeitung (–en)
die Zigarette (–n)
die Zimmerbestellung (–en)
die Zitrone (–n)
die Zunge (–n)
die Zwiebel (–n)

2. Feminine counterparts of male professions etc. form their plural by adding –nen.
   die Brieffreundin (–nen)
   die Freundin (–nen)
   die Lehrerin (–nen)
   die Metzgerin (–nen)

die Kartenverkäuferin (–nen)
die Kellnerin (–nen)
die Schülerin (–nen)
die Verkäuferin (–nen)
etc. etc.

3. A few feminine nouns add ⸚e in the plural.
die Bank (⸚e)
die Hand (⸚e)
die Hauptstadt (⸚e)
die Nacht (⸚e)
die Stadt (⸚e)
die Wand (⸚e)
die Wurst (⸚e)

4. A few feminine nouns add –s in the plural.
die Bar (–s)
die Milchbar (–s)
die Saison (–s)
die Ziehharmonika (–s)

5. The following feminine nouns add – in the plural.
die Mutter (⸚)
die Tochter (⸚)

## C. Neuter Nouns (*das* words)

1. Many neuter nouns form their plural by adding –*e*.

das Bein (–e)
das Beispiel (–e)
das Benzin (–e)
das Besteck (–e)
das Bier (–e)
das Brot (–e)
das Ehepaar (–e)
das Feuerzeug (–e)
das Fahrzeug (–e)
das Flugzeug (–e)
das Fotogeschäft (–e)
das Gas (–e)
das Gegenteil (–e)
das Geschenk (–e)
das Getränk (–e)
das Haar (–e)
das Handgepäck (–e)
das Hauptgericht (–e)
das Heft (–e)
das Instrument (–e)
das Jahr (–e)
das Jahrhundert (–e)
das Käsebrot (–e)
das Lebensmittelgeschäft (–e)
das Lineal (–e)
das Lunchpaket (–e)
das Mal (–e)
das Medikament (–e)
das Netz (–e)
das Öl (–e)
das Paket (–e)
das Passionspiel (–e)
das Pfund (–e)
das Pult (–e)
das Quartett (–e)
das Saxophon (–e)
das Schaltjahr (–e)
das Schauspiel (–e)
das Schiff (–e)
das Schinkenbrot (–e)
das Schlagzeug (–e)
das Spielzeug (–e)
das Stück (–e)
das Tablett (–e)
das Telefon (–e)
das Tonbandgerät (–e)

2. Others add either –*er* or ⸚*er*.
(a)
das Bild (–er)
das Brett (–er)
das Ei (–er)
das Gesicht (–er)
das Kind (–er)
das Kleid (–er)
das Licht (–er)
das Mitglied (–er)
das Schlüsselbrett (–er)

(b)
das Buch (⸚er)
das Dach (⸚er)
das Dorf (⸚er)
das Fach (⸚er)
das Fahrrad (⸚er)
das Festspielhaus (⸚er)
das Freibad (⸚er)
das Glas (⸚er)
das Handtuch (⸚er)
das Haus (⸚er)
das Holz (⸚er)
das Land (⸚er)
das Motorrad (⸚er)
das Pflichtfach (⸚er)
das Postamt (⸚er)
das Postfach (⸚er)
das Schloß (⸚sser)
das Tal (⸚er)
das Telefonbuch (⸚er)
das Wahlfach (⸚er)

3. Others have the same plural form as the singular. (*das Kloster* adds an Umlaut in the plural.)

das Abendessen (–)
das Brötchen (–)
das Badezimmer (–)
das Essen (–)
das Eßzimmer (–)
das Fenster (–)
das Flußufer (–)
das Fräulein (–)
das Gästezimmer (–)
das Gebäude (–)
das Gewitter (–)
das Gramm (–)
das Klassenzimmer (–)
das Klubzimmer (–)
das Mädchen (–)
das Messer (–)
das Mittagessen (–)
das Schlafzimmer (–)
das Schnitzel (–)
das Semester (–)
das Theater (–)
das Trimester (–)
das Viertel (–)
das Wohnzimmer (–)
das Zimmer (–)
das Zimmermädchen (–)

4. A few neuter nouns add –*n* or –*en* in the plural.
das Auge (–n)
das Bett (–en)
das Doppelbett (–en)
das Einzelbett (–en)
das Ende (–n)
das Hemd (–en)
das Ohr (–en)

5. A few neuter nouns (usually of foreign origin) add –*s* in the plural.
das Auto (–s)
das Büro (–s)
das Büffet (–s)
das Cello (–s)
das Hotel (–s)
das Kilo (–s)
das Kino (–s)
das Kotelett (–s)
das Radio (–s)
das Taxi (–s)

## D. Other plurals
der Bus (Busse)
der Eßsaal (Eßsäle)
Note: *das Wort* has two plurals:
das Wort (–e) – connected words that together make sense.
das Wort (⸚er) – disconnected words (as in a dictionary).

## E. The following nouns are used only in the plural:
die Augenschmerzen
die Badesachen
die Eltern
die Ferien
die Geschwister
die Herrschaften
die Jeans
die Kopfschmerzen
die Lebensmittel
die Magenschmerzen
die Zahnschmerzen

## 31. Strong and "mixed" Verbs

(a) For compounds (e.g. *fernsehen, einsteigen, aufstehen* etc.) see the simple forms *sehen, steigen* and *stehen*.
(b) * indicates that the verb is conjugated with „*sein*".

| Infinitive | 3rd person sing. present | 3rd person sing. imperfect | past participle | meaning |
|---|---|---|---|---|
| beginnen | beginnt | begann | begonnen | to begin |
| beißen | beißt | biß | gebissen | to bite |
| bieten | bietet | bot | geboten | to offer |
| bitten | bittet | bat | gebeten | to ask, request |
| bleiben | bleibt | blieb | *geblieben | to remain |
| braten | brät | briet | gebraten | to roast |
| bringen | bringt | brachte | gebracht | to bring |
| denken | denkt | dachte | gedacht | to think |
| empfangen | empfängt | empfing | empfangen | to receive |
| enthalten | enthält | enthielt | enthalten | to receive |
| essen | ißt | aß | gegessen | to eat |
| fahren | fährt | fuhr | gefahren | (+ *sein*) to travel, go (+ *haben*) to drive |
| fangen | fängt | fing | gefangen | to catch |
| finden | findet | fand | gefunden | to find |
| fliegen | fliegt | flog | *geflogen | to fly (also + haben) |
| frieren | friert | fror | *gefroren | to freeze (also + haben) |
| geben | gibt | gab | gegeben | to give |
| gefallen | gefällt | gefiel | gefallen | to like |
| gehen | geht | ging | *gegangen | to go |
| geschehen | geschieht | geschah | *geschehen | to happen |
| gewinnen | gewinnt | gewann | gewonnen | to win |
| gießen | gießt | goß | gegossen | to pour |
| haben | hat | hatte | gehabt | to have |
| heißen | heißt | hieß | geheißen | to be called |
| helfen | hilft | half | geholfen | to help |
| kommen | kommt | kam | *gekommen | to come |
| lassen | läßt | ließ | gelassen | to let, allow |
| laufen | läuft | lief | *gelaufen | to run |
| lesen | liest | las | gelesen | to read |
| liegen | liegt | lag | gelegen | to lie, be situated |
| messen | mißt | maß | gemessen | to measure |
| nehmen | nimmt | nahm | genommen | to take |
| rufen | ruft | rief | gerufen | to shout |
| scheinen | scheint | schien | geschienen | to shine |
| schieben | schiebt | schob | geschoben | to push |
| schließen | schließt | schloß | geschlossen | to shut |
| sehen | sieht | sah | gesehen | to see |
| sein | ist | war | *gewesen | to be |
| singen | singt | sang | gesungen | to sing |
| sitzen | sitzt | saß | gesessen | to sit, be seated |
| sprechen | spricht | sprach | gesprochen | to speak |
| stehen | steht | stand | gestanden | to stand |
| steigen | steigt | stieg | *gestiegen | to climb |
| tragen | trägt | trug | getragen | to wear, carry |
| treiben | treibt | trieb | getrieben | to drive, do |
| trinken | trinkt | trank | getrunken | to drink |
| verlassen | verläßt | verließ | verlassen | to leave |
| wachsen | wächst | wuchs | *gewachsen | to grow |
| waschen | wäscht | wusch | gewaschen | to wash |
| werfen | wirft | warf | geworfen | to throw, cast |
| wissen | weiß | wußte | gewußt | to know |
| ziehen | zieht | zog | gezogen | to pull |

## 32. Weak Verbs

(a) Verbs in this book other than those listed above and their compounds are weak and follow the pattern of „*kochen*" e.g.:

**kochen   kocht   kochte   gekocht**   to cook

(b) Verbs ending in –*ieren* omit the ge- in the past participle e.g.:

**telefonieren telefoniert telefonierte telefoniert** to phone

## 33. Das Alphabet

| | | | | |
|---|---|---|---|---|
| A | ah | | N | enn |
| B | bay | | O | oh |
| C | tsay | | P | pay |
| D | day | | Q | koo |
| E | ay | | R | air |
| F | eff | | S | ess |
| G | gay | | T | tay |
| H | hah | | U | ooh |
| I | ee | | V | fow (as in fowl) |
| J | yot | | W | vay |
| K | ka | | X | icks |
| L | ell | | Y | ipsilon |
| M | emm | | Z | tset |

171

# Vocabulary

1. The plurals of nouns are given in brackets; (–) indicates that the plural form is the same as the singular.
2. The prefixes of separable verbs are shown in bold. The vowel changes of strong verbs are shown in brackets. For a further conjugation of these verbs see page 171.
3. Verbs marked * are conjugated with *sein*.
4. Abbreviations: Acc. Accusative; Dat. Dative; Gen. Genitive; wk. weak verb; wk. masc. weak masculine; pl. plural.

|     |     |     |
| --- | --- | --- |
|     | **ab**bestellen (wk): | to cancel |
| der | Abend (-e): | evening |
|     | am Abend: | in the evening |
|     | zu Abend essen: | to have supper |
| das | Abendessen (–): | evening meal, supper |
|     | abends: | in the evenings |
|     | aber: | but |
| der | Abhang (⸚e): | slope |
|     | **ab**räumen (wk): | to clear (the table) |
| der | Absender (–): | sender |
| sich | **ab**trocknen (wk): | to dry oneself |
| der | Abzug (⸚e) | print (photographic) |
| die | Adresse (-n): | address |
|     | allein: | alone |
|     | als: | when, than (*größer als –* bigger than) |
|     | also: | therefore |
|     | alt: | old |
|     | an (+ Acc. or Dat.): | on, to |
| die | Ananas (–): | pineapple |
|     | **an**beißen (ei, i, i): | to bite |
| das | Andenken (–): | souvenir |
| die | Angel (-n): | fishing rod |
| die | Angelausrüstung: | fishing tackle |
|     | angeln (wk): | to fish |
| die | Angelrute (-n): | fishing rod |
| die | Angst: | anxiety, fear (*Hast du Angst – are you afraid?*) |
|     | \***an**kommen (o, a, o) in + Dat.: | to arrive (in) (*Er kommt in der Stadt an –* he arrives in the town.) |
|     | **an**machen (wk): | to turn on, switch on |
|     | **an**nehmen (i, a, o): | to accept |
|     | **an**sehen (ie, a, e): | to look at |
| sich | **an**sehen (ie, a, e): | to look at oneself |
|     | anschließend: | then |
|     | anstatt: | instead of (*anstatt ins Kino zu gehen –* instead of going to the pictures.) |
|     | **an**stecken (wk) | to light (*Ich steckte mir eine Zigarette an –* I lit a cigarette) |
|     | anstrengend: | tiring, exhausting |
| die | Antwort (-en): | answer |
|     | **an**ziehen (ie, o, o): | to put on (clothes) |
| sich | **an**ziehen (ie, o, o): | to get dressed |
| der | Anzug (⸚e): | suit |
| der | Apfel (⸚): | apple |
| der | Apfelbaum (⸚e): | apple tree |
| die | Apfelsine (-n): | orange |
| die | Apotheke (-n): | chemist's shop |
| der | Apotheker (–): | chemist |
| die | Arbeit: | work |
|     | arbeiten (wk): | to work |
| der | Arm (-e): | arm |
| die | Armbanduhr (-en): | wrist watch |
| die | Art (-en): | type, kind |
| der | Arzt (⸚e): | doctor |
| der | Aschenbecher (–): | ash tray |
|     | auf (+ Acc. or Dat.): | on |
| der | Aufenthalt (-e): | stay |
|     | **auf**führen (wk): | to perform |
| die | Aufführung (en): | performance |
|     | aufgeregt: | excited |
|     | **auf**nehmen (i, a, o): | to take a photograph, to take up, to take in |
|     | **auf**passen (wk): | to pay attention, keep an eye on things |
|     | aufregend: | exciting |
|     | **auf**setzen (wk): | to put on (*Sie setzt den Topf auf –* she puts the saucepan on (the stove)) |
|     | \***auf**stehen (e, a, a): | to get up |
|     | **auf**tragen (ä, u, a): | to put on (make-up) |
| das | Auge (-n): | eye |
| (die) | Augenschmerzen (pl): | eye ache, sore eyes |
|     | aus (Dat.): | out of, from |
| der | Ausblick (-e): | view |
| der | Ausflug (⸚e): | excursion, trip (*einen Ausflug machen –* to go on an excursion) |
|     | ausgezeichnet: | excellent |
|     | **aus**packen (wk): | to unpack |
| sich | **aus**ruhen (wk): | to rest |
|     | **aus**schreiben (ei, ie, ie): | to write out |
|     | **aus**sehen (ie, a, e): | to look like, appear |
|     | außer (Dat.): | besides, except for |
| die | Aussicht (en): | view |
|     | \***aus**steigen (ei, ie, ie) aus (+ Dat.): | to get out of |
|     | ausverkauft: | sold out |
|     | **aus**werfen (i, a, o): | to throw out, cast |
|     | **aus**ziehen (ie. o, o): | to take off (clothes) |
| sich | **aus**ziehen (ie, o, o): | to get undressed |
| das | Auto (-s): | car |

172

| | | |
|---|---|---|
| der | Bäcker (–): | baker |
| die | Bäckerei (–en): | bakery, baker's shop |
| der | Badeanzug (¨e): | swimming costume |
| die | Badehose (–n): | swimming trunks |
| | baden (wk): | to bathe, swim |
| die | Badesachen (pl): | swimming things |
| die | Badewanne (–n): | bath |
| das | Badezimmer (–): | bathroom |
| der | Bahnhof (¨e): | station |
| der | Bahnsteig (–e): | platform |
| | bald: | soon |
| | bald nachher: | soon afterwards |
| der | Ball (¨e): | ball |
| die | Banane (–n): | banana |
| die | Bank (¨e): | bench, seat |
| die | Bar (–s): | bar |
| die | Bardame (–n): | barmaid |
| der | Bart (¨e): | beard |
| der | Baum (¨e) | tree |
| | beaufsichtigen (wk): | to supervise |
| der | Becher (–): | beaker, mug |
| | bedeckt: | covered |
| die | Bedienung: | service charge (in a restaurant etc.) |
| sich | beeilen (wk): | to hurry |
| | beginnen (i, a, o): | to begin |
| | begrüßen (wk): | to greet |
| | bei (+ Dat.): | at, on |
| das | Bein (–e): | leg |
| das | Beispiel (–e): | example |
| | bekannt: | well known |
| | bemerken (wk): | to notice |
| | benutzen (wk): | to use |
| das | Benzin: | petrol |
| | bereiten (wk): | to prepare |
| | bereits: | already |
| der | Berg (–e): | mountain |
| der | Berggipfel (–): | top of a mountain |
| | berühmt: | famous |
| die | Bergstraße (–n): | mountain road |
| der | Besen (–): | broom |
| | besetzt: | occupied, taken |
| | besichtigen (wk): | to visit, look at |
| das | Besteck (–e): | cutlery |
| | bestellen (wk): | to order (a meal etc.) |
| die | Bestellung (–en): | order |
| der | Besuch (–e): | visit |
| | besuchen (wk): | to visit |
| das | Bett (–en): | bed |
| | bewölkt: | cloudy, overcast |
| | bezahlen (wk): | to pay for |
| | bieten (ie, o, o): | to offer |
| das | Bier (–e): | beer |
| das | Bild (–er): | picture |
| (die) | Biologie: | biology |
| die | Birne (–n): | pear |
| | bitte: | please |
| | bitte schön: | don't mention it |
| | bitten (i, a, e) um (+ Acc.): | to ask (for), request |
| ein | bißchen: | a little |
| | blaß: | pale |
| | blau: | blue |
| *| bleiben (ei, ie, ie): | to stay, remain (*es bleibt mir nichts anderes übrig als –* all I can do is…) |
| der | Bleistift (–e): | pencil |
| | blitzen (wk): | to lighten (*es blitzt* – it's lightening) |
| die | Blockflöte (–n): | recorder |
| | blond: | blonde |
| die | Blume (–n): | flower |
| das | Blumenbeet (–e): | flower bed |
| der | Blumenkohl: | cauliflower |
| die | Bluse (–n): | blouse |
| die | grüne Bohne (grüne Bohnen): | green beans |
| | braten (brät, briet, gebraten): | to roast, cook |
| die | Bratsche (–n): | viola |
| | brauchen (wk): | to need |
| | braun: | brown |
| | breit: | wide |
| das | Brett (–er): | board |
| der | Brief (–e): | letter |
| der | Brieffreund (–e): | pen friend (male) |
| die | Brieffreundin (–nen): | pen friend (female) |
| die | Briefmarke (–n): | stamp |
| der | Briefumschlag (¨e): | envelope |
| | bringen (bringt, brachte, gebracht): | to bring |
| die | Brombeere (–n): | blackberry |
| das | Brot (–e): | bread |
| das | Brötchen (–): | roll |
| die | Brücke (–n): | bridge |
| der | Bruder (¨): | brother |
| der | Brunnen (–): | fountain, well |
| das | Buch (¨er): | book |
| der | Bücherschrank (¨e): | bookcase |
| das | Büffet (–s): | sideboard |
| | bügeln (wk): | to iron |
| der | Bungalow (–s): | bungalow |
| das | Büro (–s): | office |
| | bürsten (wk): | to brush |
| der | Bus (–se): | bus |
| die | Butter: | butter |
| das | Cello (–s): | cello |
| (die) | Chemie: | chemistry |
| die | Coca-Cola (–s): | coca-cola |
| der | Chor (¨e): | choir |
| der | Couchtisch (–e): | occasional table, coffee table |
| | da: | there, as |
| | dabei: | thereby, at the same time, in so doing |
| das | Dach (¨er): | roof |
| die | Dame (–n): | lady |
| die | Damentoilette (–n): | ladies' lavatory |
| | danach: | after that |
| | danke (schön): | thank you |

| | | |
|---|---|---|
| | dann: | then |
| die | Decke (–n): | ceiling |
| | decken (wk): | to lay (the table) |
| | denken (denkt, dachte, gedacht): | to think |
| | denn: | for |
| | deshalb: | therefore |
| | deswegen: | therefore |
| | Deutsch: | german |
| | dick: | fat |
| | dieser/e/es: | this |
| | diesmal: | this time |
| | donnern (wk): | to thunder (*es donnert* – it's thundering) |
| das | Doppelbett (–en): | double bed |
| die | Doppelstunde (–n): | double period |
| das | Doppelzimmer (–): | double room |
| | dort: | there |
| das | Dorf (¨er): | village |
| der | Dorfplatz (¨e): | village square |
| | draußen: | outside |
| | drinnen: | inside, indoors |
| die | Drogerie (–n): | chemist's shop (drug store) |
| | dunkel: | dark |
| | dünn: | thin |
| | durch (+ Acc.): | through |
| | dürfen: | to be allowed to, may |
| | durstig: | thirsty |
| | duzen (wk): | to call someone „du" |
| das | Ehepaar (–e): | married couple |
| das | Ei (–er): | egg |
| | eigentlich: | actually |
| | *eilen (wk): | to hurry |
| | eilig: | in a hurry (*Ich habe es eilig* – I'm in a hurry) |
| die | Eingangshalle (–n): | entrance hall |
| | ein*kaufen* (wk): | to go shopping |
| der | Eimer (–): | bucket |
| | einige: | several |
| | ein*packen* (wk): | to pack |
| | ein*schenken* (wk): | to pour out |
| | *ein*steigen* (ei, ie, ie) in + Acc.: | to get in/on |
| die | Eintrittskarte (–n): | entrance ticket |
| das | Einzelbett (–en): | single bed |
| die | Einzelstunde (–n): | single period |
| das | Einzelzimmer (–): | single room |
| das | Eis: | ice cream |
| die | Eltern (pl): | parents |
| | empfangen (ä, i, a): | to receive |
| die | Empfangsdame (–n): | receptionist |
| der | Empfangstisch (–e): | reception desk |
| das | Ende (–n): | end |
| | energisch: | energetic |
| | enthalten (ä, ie, a): | to receive |
| | entlang (Acc.): | along |
| | entfernt: | distant |
| | entweder . . . oder: | either . . . or |
| | entwickeln (wk): | to develop |
| die | Erbse (n): | pea |

| | | |
|---|---|---|
| die | Erdbeere (–n): | strawberry |
| der | Erdbeerkuchen (–): | strawberry flan |
| das | Erdgeschoß (–): | ground floor |
| (die) | Erdkunde: | geography |
| der | Erfolg (–e): | success |
| | erleben (wk): | to experience |
| | erproben (wk): | to test |
| | erreichen (wk): | to reach, to catch (*einen Bus erreichen*) |
| | erst: | only, first |
| | erwidern (wk): | to reply |
| | erzählen (wk): | to tell, relate |
| | essen (i, a, e): | to eat |
| das | Essen (–): | meal |
| der | Eßsaal (–säle): | dining room (in a hotel etc.) |
| das | Eßzimmer (–): | dining room |
| | etwa: | about |
| | etwas: | something |
| | etwas später: | a little later |
| das | Fach (¨er): | subject |
| | fahren (ä, u, a): | to travel (*sein*), to drive (*haben*) |
| das | Fahrrad (¨er): | bicycle |
| der | Fahrplan (¨e): | timetable |
| der | Fahrstuhl (¨e): | lift |
| die | Fahrt (–en): | journey |
| das | Fahrzeug (–e): | vehicle |
| die | Fähre (–n): | ferry |
| der | Fall (¨e): | case, incident (*auf keinen Fall* – under no circumstances, not for anything) |
| | falsch: | wrong, false |
| die | Familie (–n): | family |
| | fangen (ä, i, a): | to catch (*einen Fisch fangen* – to catch a fish) |
| die | Farbe (–n): | colour |
| | fegen (wk): | to sweep |
| das | Fenster (–): | window |
| die | Ferien (pl): | holidays |
| der | Fernsehapparat (–e): | television set |
| | fern*sehen* (ie, a, e): | to watch television |
| der | Fernsehraum (¨e): | television room |
| das | Festspielhaus (¨er): | festival theatre |
| das | Feuerzeug (–e): | lighter |
| der | Film (–e): | film |
| der | Finger (–): | finger |
| der | Fisch (–e): | fish |
| die | Flasche (–n): | bottle |
| das | Fleisch (Fleischsorten): | meat |
| der | Fleischer (–): | butcher |
| | fleißig: | hardworking |
| die | Fliege (–n): | fly |
| | fliegen (ie, o, o) (*haben* and *sein*): | to fly |
| die | Flöte (–n): | flute |
| der | Flur (–e): | hall (of a house etc.) |
| der | Fluß (Flüsse): | river |
| die | Flüssigkeit (–en): | liquid |
| das | Flußufer (–): | river bank |
| der | Flughafen (¨): | airport |

| | | |
|---|---|---|
| das | Flugzeug (–e): | aeroplane |
| die | Forelle (–n): | trout |
| der | Fotoapparat (–e): | camera |
| das | Fotogeschäft (–e): | photographer's shop |
| der | Fotograf (–en) (wk masc.): | photographer |
| die | Frau (–en): | woman, wife, Mrs. |
| das | Fräulein (–): | young woman, Miss |
| | frankieren (wk): | to stamp (letters) |
| | Französisch: | french |
| | frei: | free, unoccupied, vacant |
| das | Freibad (⸚er): | open air swimming pool |
| im | Freien: | in the open air |
| die | Freizeit: | spare time |
| das | Fremdenbuch (⸚er): | hotel register |
| sich | freuen (wk) über + Acc.: | to be pleased about |
| der | Freund (–e): | friend (male) |
| die | Freundin (–nen): | friend (female) |
| | freundlich: | friendly |
| der | Friedhof (⸚e): | cemetery |
| | frisch: | fresh |
| | frieren (ie, o, o) (haben and sein): | to freeze (*es friert* – its freezing) |
| der | Friseur (–e): | barber, hairdresser (male) |
| die | Friseuse (–n): | hairdresser (female) |
| der | Friseursalon (–s): | hairdressing saloon |
| | froh: | happy, glad |
| | früh: | early |
| das | Frühstück: | breakfast |
| | frühstücken (wk): | to have breakfast |
| sich | fühlen (wk): | to feel |
| | führen (wk): | to lead, conduct |
| der | Füller (–): | fountain pen |
| | für (+ Acc.): | for |
| | furchtbar: | terribly, awfully (*Er spielt Fußball furchtbar gern* – he really loves playing football) |
| die | Gabel (–n): | fork |
| die | Gallone (–n): | gallon |
| der | Gang (⸚e): | corridor |
| | ganz: | quite, all, whole (*die ganze Klasse* – all the class) |
| | gar nicht: | not at all |
| die | Garage (–n): | garage |
| der | Garten (⸚): | garden |
| das | Gas (–e): | gas |
| der | Gasherd (–e): | gas stove |
| der | Gast (⸚e): | guest, visitor |
| die | Gaststube (–n): | lounge (in a hotel etc.) |
| das | Gästezimmer (–): | hotel bedroom |
| das | Gebäude (–): | building |
| | geben (i, a, e): | to give |
| es | gibt (+ Acc.): | there is, there are |
| | geboren: | born |
| der | Geburtstag (–e): | birthday |
| | geduldig: | patient(ly) |
| | gefallen (ä, ie, a) (+ Dat.): | to please, like (*Das Buch gefällt mir* – I like the book) |
| | gefährlich: | dangerous |
| | gefangen: | caught |
| die | Gegend (–en): | region, countryside |
| das | Gegenteil (–e): | opposite |
| | gegenüber (+ Dat.): | opposite |
| der | Gegner (–): | opponent |
| die | Geige (–n): | violin |
| | *gehen (e, i, a): | to go, walk |
| | gelb: | yellow |
| das | Geld: | money |
| (die) | Gemeinschaftskunde: | civics |
| das | Gemüse (Gemüsesorten): | vegetables |
| der | Gemüsehändler (–): | greengrocer |
| der | Gemüseladen (⸚): | greengrocer's shop |
| | gemütlich: | cosy, pleasant |
| | genau: | exactly |
| | gerade: | just (*Sie erreichten den Bus gerade noch* – they just managed to catch the bus) |
| | geradeaus: | straight on |
| | gern: | willingly (*Ich lese gern* – I like reading) |
| die | Gesamtschule (–n): | comprehensive school |
| die | Geschäftsfrau (–en): | business woman |
| der | Geschäftsmann (Geschäftsleute): | businessman |
| | *geschehen (ie, a, e): | to happen |
| das | Geschenk (–e): | present |
| (die) | Geschichte: | history |
| das | Geschirr: | crockery |
| | geschlossen: | shut |
| die | Geschwindigkeit (–en): | speed |
| die | Geschwister (pl): | brothers and sisters |
| das | Gesicht (–er): | face |
| | gestern: | yesterday |
| | gesund: | healthy, well |
| das | Getränk (–e): | drink |
| die | Getränkekarte (–n): | wine list |
| das | Gewitter (–): | thunderstorm |
| | gewöhnlich: | usual(ly) |
| | gießen (ie, o, o): | to pour |
| der | Gipfel (–): | summit |
| die | Gipfelstation (–en): | top of ski-lift |
| das | Glas (⸚er): | glass, jar |
| | gleich: | immediately |
| | gleich darauf: | immediately afterwards |
| das | Glück: | luck (*Du hast Glück gehabt* – you've been lucky) |
| | glücklich: | lucky, happy |
| | glücklicherweise: | fortunately |
| das | Gramm (–): | gramme |
| das | Gras: | grass |
| | grau: | grey |
| die | Grenze (–n): | frontier |
| die | Grippe: | flu |
| der | Groschen (–): | groschen (small coin) |
| | groß: | large, big |
| der | Grund (⸚e): | reason |
| | grün: | green |
| der | Gummi (–s): | rubber |
| der | Gummibaum (⸚e): | rubber plant |

| | | |
|---|---|---|
| die | Gurke (–n): | cucumber |
| die | saure Gurke (saure Gurken): | gherkin |
| das | Gymnasium (Gymnasien): | grammar school |
| das | Haar (–e): | hair |
| die | Haarbürste (–n): | hairbrush |
| | haben (hat, hatte, gehabt): | to have |
| das | Hackfleisch: | mince-meat |
| der | Hafen (¨): | harbour, port |
| | *halten, (ä, ie, a): | to stop |
| die | Haltestelle (–n): | bus, tram stop |
| das | Hammelfleisch: | lamb |
| die | Hand (¨e): | hand |
| (die) | Handarbeit: | needlework |
| das | Handgepäck: | hand luggage |
| der | Handschuh (–e): | glove |
| das | Handtuch (¨er): | towel |
| | hart: | hard |
| | häßlich: | ugly |
| das | Hauptgericht (–e): | main course |
| | hauptsächlich: | mainly, chiefly |
| die | Hauptstadt (¨e): | capital |
| das | Haus (¨er): | house |
| | zu Hause: | at home |
| | nach Hause: | home (movement) |
| die | Haustür (–en): | front door |
| (die) | Hauswirtschaftslehre: | domestic science |
| das | Heft (–e): | exercise book |
| der | Heimweg (–e): | way home |
| | heiß | hot |
| | heißen (ei, ie, ei): | to be called |
| | helfen (i, a, o) + Dat.: | to help |
| das | Hemd (–en): | shirt |
| der | Herr (–en) (wk masc.): | gentleman, Mr. |
| die | Herrentoilette (–n): | gentlemen's lavatory |
| | herrlich: | splendid, marvellous |
| die | Herrschaften (pl): | ladies and gentlemen |
| | heute: | today |
| | heute abend: | this evening, tonight |
| | heute morgen: | this morning |
| die | Hilfe: | help |
| die | Himbeere (–n): | raspberry |
| der | Himmel (–): | sky |
| | *hinabfahren (ä, u, a): | to drive down |
| | hinter (+ Acc. or Dat.): | behind |
| der | Hintergrund: | background |
| der | Hocker (–): | stool |
| | hoffen (wk): | to hope |
| | holen (wk): | to fetch |
| das | Holz (¨er): | wood |
| die | Holzbrücke (–n): | wooden bridge |
| der | Honig: | honey |
| die | Hose (–n): | trousers |
| das | Hotel (–s): | hotel |
| der | Hotelboy (–s): | hotelboy |
| die | Hotelfachschule (–n): | college of hotel management |
| | hübsch: | pretty |
| das | Huhn (¨er): | hen, chicken |
| der | Hund (–e): | dog |
| | hungrig: | hungry |
| der | Hut (¨e): | hat |
| die | Idee (–n): | idea |
| | ihr (e): | her, their |
| | Ihr (e): | your |
| | immer: | always |
| das | Instrument (–e): | instrument |
| | interessant: | interesting |
| | inzwischen: | meanwhile, in the meantime |
| | Italienisch: | Italian |
| | ja: | yes |
| die | Jacke (–n): | jacket |
| das | Jahr (–e): | year |
| das | Jahrhundert (–e): | century |
| die | Jahreszeit (–en): | season |
| | jeder/e/es: | each, every |
| die | Jeans (pl): | jeans |
| die | rote Johannisbeere (–n): | redcurrant |
| die | schwarze Johannisbeere (–n): | blackcurrant |
| der | Jugendklub (–s): | youth club |
| | jung: | young |
| der | Junge (–n) (wk masc.): | boy |
| der | Kaffee: | coffee |
| die | Kaffeekanne (–n): | coffee pot |
| der | Kakao: | cocoa, drinking chocolate |
| das | Kalbfleisch: | veal |
| | kalt: | cold |
| der | Kamm (¨e): | comb |
| | kämmen (wk): | to comb |
| die | Kapelle (–n): | band, orchestra |
| | kariert: | checked |
| die | Karotte (–n): | carrot |
| die | Karte (–n): | ticket |
| die | Kartenverkäuferin (–nen): | cinema cashier |
| die | Kartoffel (–n): | potato |
| der | Käse (–sorten): | cheese |
| das | Käsebrot (–e): | open cheese sandwich |
| die | Kasse (–n): | cash desk |
| | kassieren (wk): | to cash, take the money |
| die | Katze (–n): | cat |
| | kaufen (wk): | to buy |
| | kein/e: | not a |
| die | Kegelbahn (–en): | skittle or bowling alley |
| | kegeln (wk): | to play skittles |
| der | Keller (–): | cellar |
| der | Kellner (–): | waiter |
| die | Kellnerin (–nen): | waitress |
| | kennen/lernen (wk): | to meet, get to know |
| das | Kilo (–s): | kilo |
| das | Kilogramm (–): | kilogramme |
| der | Kilometer (–): | kilometre |
| das | Kind (–er): | child |
| das | Kino (–s): | cinema |
| die | Kinokarte (–n): | cinema ticket |
| die | Kirche (–n): | church |

| | | | |
|---|---|---|---|
| der Kirschbaum (⸚e): | cherry tree | der Lebensmittelhändler (–): | grocer |
| die Kirsche (–n): | cherry | ledern: | leather |
| klagen (wk): | to complain | ledig: | single (not married) |
| klar: | clear | leer: | empty |
| die Klarinette (–n): | clarinet | leeren (wk): | to empty |
| die Klasse (–n): | class (*Das war Klasse* – that was marvellous) | der Lehrer (–): | teacher (male) |
| | | die Lehrerin (–nen): | teacher (female) |
| das Klassenzimmer (–): | classroom | (die) Leibeserziehung: | physical education, P.E. |
| das Klavier (–e): | piano | leicht: | easy, light |
| das Kleid (–er): | dress (pl clothes) | (die) Leichtathletik: | athletics (*Leichtathletik treiben* – to do athletics) |
| der Kleiderschrank (⸚e): | wardrobe | | |
| klein: | small, little | leider: | unfortunately |
| das Kleingeld: | change (money) | lesen (ie, a, e): | to read |
| das Kloster (⸚): | monastery | lieber haben: | to prefer |
| das Klubzimmer (–): | club room | am liebsten haben: | to like most of all |
| das Knie (–): | knee | liegen (ie, a, e): | to lie, be situated |
| der Koch (⸚e): | cook, chef | der Likör (–e): | liqueur |
| kochen (wk): | to cook, to boil | die Limonade (–n): | lemonade |
| der Köder (–): | bait | das Lineal (–e): | ruler |
| der Koffer (–): | suitcase | links: | left |
| der Kognak: | brandy | der Liter (–): | litre |
| der Kohl: | cabbage | der Löffel (–): | spoon |
| *kommen (o, a, o): | to come | los: | off (*Es ist viel los* – there's a lot going on) |
| die Konditorei (–en): | confectioner's shop | | |
| können: | to be able, can | *losfahren (ä, u, a): | to set off (by vehicle) |
| der Kontrabass (–bässe): | double bass | die Luft: | air |
| der Kopf (⸚e): | head; head of cabbage etc. | das Lunchpaket (–e): | lunch packet |
| (die) Kopfschmerzen (pl): | headache | die Lust: | wish, desire (*Hast du Lust, ins Kino zu gehen?* – Do you want to go to the pictures?) |
| der Korb (⸚e): | basket | | |
| korrigieren (wk): | to correct | | |
| köstlich: | delicious | | |
| das Kotelett (–s): | cutlet, chop | das Mädchen (–): | girl |
| krank: | ill, sick | der Magen (⸚): | stomach |
| der Krug (⸚e): | jug | (die) Magenschmerzen (pl): | stomach ache |
| der Kuchen (–): | cake | mal: | multiplied by, just |
| die Küche (–n): | kitchen | das Mal (–e): | time, occasion |
| die Küchenhilfe (–n): | kitchen help | man: | one, people |
| der Kugelschreiber (–): | biro, ball-point pen | manchmal: | sometimes |
| kühl: | cool | der Mann (⸚er): | man, husband |
| der Kühlschrank (⸚e): | refrigerator | die Mansarde (–n): | attic |
| der Kuli (–s): | biro | der Mantel (⸚): | coat |
| (die) Kunsterziehung: | art (as school subject) | die Mappe (–n): | briefcase |
| kurz: | short | die Mark: | DM, Mark (money) |
| | | die Marmelade (–n): | jam |
| lächeln (wk): | to smile | (die) Mathematik: | maths |
| die Lampe (–n): | lamp | das Medikament (–e): | medicine |
| das Land (⸚er): | country | die Meile (–n): | mile |
| die Landkarte (–n): | map | die Mehrwertsteuer: | value added tax |
| die Landschaft (–en): | countryside, scenery | meistens: | mostly |
| lang: | long | der Mensch (–en) (wk masc.): | person |
| langsam: | slow, slowly | messen (i, a, e): | to measure |
| langweilig: | boring | das Messer (–): | knife |
| der Lappen (–): | cloth | der Meter (–): | metre |
| lassen (ä, ie, a): | to leave, have something done (*Er ließ sich das Haar schneiden* – he had his hair cut) | der Metzger (–): | butcher |
| | | die Metzgerei (–en): | butcher's shop |
| | | die Milch: | milk |
| | | die Milchbar (–s): | milk bar |
| Latein: | Latin | die Minute (–n): | minute |
| *laufen (äu, ie, au): | to run, go | mit + Dat.: | with |
| (die) Lebensmittel (pl): | groceries | das Mitglied (–er): | member |
| das Lebensmittelgeschäft (–e): | grocer's shop | | |

|   |   |   |
|---|---|---|
|  | **mit**_machen_ (wk): | to join in |
|  | **mit**_nehmen_ (i, a, o): | to take along |
|  | _Mittag_: | midday, noon |
|  | _zu Mittag essen_: | to have lunch |
| das | _Mittagessen_: | lunch |
| die | _Mitte_ | middle |
| die | _Mittelschule_ (–n): | secondary modern school |
| (die) | _Mitternacht_: | midnight |
|  | _mögen_: | to like (_Ich möchte gern_ – I should like to) |
| der | _Monat_ (–e): | month |
| der | _Morgen_ (–): | morning |
|  | _morgen_: | tomorrow |
|  | _morgens_: | in the mornings |
| das | _Motorrad_ (⸚er): | motor bike |
|  | _müde_: | tired |
| der | _Mund_ (⸚er): | mouth |
| die | _Münze_ (–n): | coin |
| die | _Musik_: | music |
|  | _musikalisch_: | musical |
| die | _Musiktruhe_ (–n) | radiogram |
|  | _müssen_: | to have to, must |
| die | _Mutter_ (⸚): | mother |
|  | _nach_ + Dat.: | to, after |
|  | _nachher_: | afterwards |
| der | _Nachbarort_ (–e): | neighbouring place |
| der | _Nachmittag_ (–e): | afternoon |
|  | _nachmittags_: | in the afternoons |
| die | _Nachspeise_ (–n): | dessert |
| die | _Nacht_ (⸚e): | night |
|  | _nachts_: | at night, nights |
| der | _Nachttisch_ (–e): | bedside table |
|  | _nah_: | near |
|  | _nämlich_: | namely, that is to say |
| die | _Nase_ (–n): | nose |
|  | _neben_ (+ Acc. or Dat.): | next to |
|  | _nebenan_: | next door, nearby, adjoining |
|  | _neblig_: | foggy, misty |
|  | _nehmen_ (i, a, o): | to take |
|  | _nein_: | no |
|  | _nett_: | nice, pleasant |
| das | _Netz_ (–e): | net |
|  | _neu_: | new |
|  | _nicht_: | not |
|  | _nicht wahr_: | isn't it |
|  | _nichts_: | nothing |
|  | _noch_: | still |
|  | _noch einmal_: | once again |
|  | _nur_: | only |
|  | _oben_: | upstairs, at the top (_nach oben_ – upstairs (movement)) |
|  | _oberhalb_: | above |
| das | _Obst_ (–arten): | fruit |
|  | _oder_: | or |
| der | _Ofen_ (⸚): | oven, stove |
|  | _offen_: | open |
|  | _öffnen_ (wk): | to open |
|  | _oft_: | often |

|   |   |   |
|---|---|---|
| das | _Ohr_ (–en): | ear |
| das | _Öl_ (–e): | oil |
|  | _in Ordnung_: | in order |
|  | _oval_: | oval |
| das | _Paket_ (–e): | packet |
| die | _Pampelmuse_ (–n): | grapefruit |
| der | _Papierkorb_ (⸚e): | waste-paper basket |
| das | _Parfüm_ (–e): | perfume, scent |
| der | _Park_ (–s): | park |
|  | _parken_ (wk): | to park |
| das | _Passionsspiel_ (–e): | Passion play |
| die | _Pause_ (–n): | interval, pause, break |
| das | _Personal_: | staff |
|  | _persönlich_: | personally |
| der | _Pfeffer_ (–): | pepper |
| die | _Pfeife_ (–n): | pipe |
| der | _Pfennig_ (–e): | _pfennig_ (small coin) |
| der | _Pfirsich_ (–e): | peach |
| die | _Pflaume_ (–n): | plum |
| das | _Pflichtfach_ (⸚er): | compulsory subject |
| das | _Pfund_ (–e): | pound |
| (die) | _Physik_: | physics |
| der | _Platz_ (⸚e): | seat |
| die | _Platte_ (–n): | record |
| der | _Plattenspieler_ (–): | record player |
|  | _plaudern_ (wk): | to chat |
|  | _plötzlich_: | suddenly |
| die | _Posaune_ (–n): | trombone |
| das | _Postamt_ (⸚er): | post office |
| der | _Postbeamte_ (–n) (like adj.): | post office clerk |
| der | _Postbus_ (–se): | post bus |
| das | _Postfach_ (⸚er) | pigeon-hole (for letters) |
| der | _Preis_ (–e): | price |
| der | _Priester_ (–): | priest |
|  | _prima!_: | first rate!, excellent |
|  | _probieren_ (wk): | to try |
| der | _Pullover_ (–): | pullover, sweater |
| das | _Pult_ (–e): | desk |
|  | _putzen_ (wk): | to clean |
| das | _Quartett_ (–e): | quartet |
| das | _Radio_ (–s): | radio |
| der | _Rand_ (⸚er): | edge (_am Rande_ – on the edge) |
| der | _Rasierapparat_ (–e): | razor |
| sich | _rasieren_ (wk): | to shave |
|  | _rauchen_ (wk): | to smoke |
| die | _Rechnung_ (–en): | bill |
|  | _rechts_: | right |
|  | _rechtzeitig_: | in good time, punctually |
| der | _Regenmantel_ (⸚): | raincoat |
| der | _Regenschirm_ (–e): | umbrella |
|  | _regnen_ (wk): | to rain |
|  | _regnerisch_: | rainy |
|  | _reif_: | ripe |
|  | _reinigen_ (wk): | to clean |
| (die) | _Religion_: | R.E. religion |
|  | _reservieren_ (wk): | to reserve |
|  | _richtig_: | right, correct |

| | | |
|---|---|---|
| das | Rindfleisch: | beef |
| der | Rock (⸚e): | skirt |
| der | Roller (–): | scooter |
| der | Rosenkohl: | Brussels sprouts |
| | rot: | red |
| | rötlich: | reddish |
| die | Rückkehr: | return |
| | rufen (u, ie, u): | to call, shout |
| | ruhig: | quiet, peaceful |
| | rund: | round |
| die | Rundfahrt (–en): | round trip, excursion |
| | Russisch: | Russian |
| | saftig: | juicy |
| die | Saison (–s): | season |
| der | Salat (–e): | lettuce, salad |
| das | Salz: | salt |
| | sauber: | clean |
| | sauer: | sour |
| | saugen (au, o, o): | to suck |
| das | Saxophon (–e): | saxophone |
| | schaben (wk): | to scrape |
| das | Schach: | chess |
| der | Schal (–s): | scarf |
| | schälen (wk): | to peel |
| das | Schaltjahr (–e): | leap year |
| | Schatz: | darling |
| | schauen (wk): | to look |
| das | Schauspiel (–e): | play |
| die | Scheibe (–n): | slice |
| der | Schein (–e): | appearance |
| | scheinen (ei, ie, ie): | to shine, seem |
| | schick: | smart, chic |
| | schieben (ie, o, o): | to push |
| das | Schiff (–e): | ship |
| der | Schinken (–): | ham |
| das | Schinkenbrot (–e): | open ham sandwich |
| | schlafen (ä, ie, a): | to sleep |
| das | Schlafzimmer (–): | bedroom |
| | schläfrig: | sleepy |
| | schlagen (ä, u, a): | to hit |
| die | Schlagsahne: | whipped cream |
| | schlank: | slim |
| das | Schlagzeug: | percussion |
| | schlecht: | bad |
| | schließen (ie, o, o): | to shut, close |
| | schließlich: | finally |
| der | Schlips (–e): | tie |
| das | Schloß (Schlösser): | castle |
| der | Schlüssel (–): | key |
| das | Schlüsselbrett (–er): | key board |
| | schmecken (wk): | to taste (*Das Bier schmeckte gut* – the beer tasted good) |
| | schmutzig: | dirty |
| der | Schnaps (⸚e): | schnaps, gin |
| der | Schnee: | snow |
| | schneien (wk): | to snow (*es schneit* – it's snowing) |
| | schnell: | quick, quickly |
| | so schnell wie möglich: | as quickly as possible |
| das | Schnitzel (–): | cutlet |
| der | Schnurrbart (⸚e): | moustache |
| | schön: | beautiful, nice |
| der | Schornstein (–e): | chimney |
| der | Schrank (⸚e): | cupboard |
| | schrecklich: | awful, awfully |
| | schreiben (ei, ie, ie): | to write |
| die | Schreibmaschine (–n): | typewriter |
| der | Schuh (–e): | shoe |
| der | Schuhplattler (–): | Bavarian folk dance whereby the thighs, knees and soles of the shoes are slapped with the hands in time to the music |
| die | Schulter (–n): | shoulder |
| die | Schule (–n): | school |
| die | Schulmappe (–n): | (school) briefcase |
| der | Schüler (–): | schoolboy |
| die | Schülerin (–nen): | schoolgirl |
| | schwach: | weak |
| | schwarz: | black |
| das | Schweinefleisch: | pork |
| | schwer: | heavy, difficult |
| die | Schwester (–n): | sister |
| | sehen (ie, a, e): | to see |
| | sehr: | very |
| die | Seife (Seifenstücke): | soap |
| | *sein (ist, war, gewesen): | to be |
| | sein/e: | his |
| | seit (+ Dat.): | since, for |
| die | Seite (–n): | side |
| die | Sekunde (–n): | second |
| | selbst: | himself, herself etc. |
| das | Semester (–): | term |
| der | Senf: | mustard |
| | servieren (wk): | to serve |
| der | Sessel (–): | armchair |
| sich | setzen (wk): | to sit down |
| | sicher: | certainly |
| | sicherlich: | certainly |
| | singen (i, a, u): | to sing |
| | sitzen (i, a, e): | to sit |
| der | Skilehrer (–): | ski instructor |
| der | Skilift (–e): | ski-lift |
| der | Skiunterricht: | ski instruction |
| die | Socke (–n): | sock |
| das | Sofa (–s): | settee |
| der | Sohn (⸚e): | son |
| | sollen: | shall, should, ought |
| die | Sonne (–n): | sun |
| sich | sonnen (wk): | to sunbathe |
| | sonst noch etwas?: | anything else? |
| | Spanisch: | Spanish |
| | spannend: | tense, exciting |
| der | Spargel: | asparagus |
| der | Spaß: | fun (*das macht Spaß* – that's fun) |
| | spät: | late (*Wie spät ist es?* – What time is it?) |
| der | Spaziergang (⸚e): | walk (*einen Spaziergang machen* – to go for a walk) |
| | ***spazieren**gehen (e, i, a): | to go for a walk |

179

| | | | | | | |
|---|---|---|---|---|---|---|
| die | Speisekarte (–n): | menu | | die | Terrasse (–n): | terrace |
| die | Sperre (–n): | barrier | | das | Theater (–): | theatre |
| der | Spiegel (–): | mirror | | | tief: | deep |
| der | Spieler (–): | player | | | tippen (wk): | to type |
| | spielen (wk): | to play | | der | Tisch (–e): | table |
| (die) | Spielstunde: | games (at school) | | die | Tochter (¨): | daughter |
| das | Spielzeug (–e): | toy | | die | Toilette (–n): | toilet, lavatory |
| | sprechen (i, a, o): | to speak | | der | Toilettenschrank (¨e): | bathroom cabinet |
| die | Sprache (–n): | language | | der | Toilettentisch (–e): | dressing table |
| der | Spültisch (–e): | sink unit | | die | Tomate (–n): | tomato |
| die | Stachelbeere (–n): | gooseberry | | das | Tonbandgerät (–e): | tape-recorder |
| die | Stadt (¨e): | town, city | | der | Topf (¨e): | plant pot, saucepan |
| die | Stadtmitte: | town centre | | die | Torte (–n): | tart |
| | stark: | strong, heavy, heavily | | | tragen (ä, u, a): | to wear, carry |
| die | Station (–en): | station, stage | | | treiben (ei, ie, ie): | Sport treiben – to go in for sport |
| | **statt**finden (i, a u): | to take place | | die | Treppe (–n): | stairs |
| der | Staublappen (–): | duster | | das | Trimester (–): | term |
| der | Staubsauger (–): | vacuum cleaner | | | trinken (i, a, u): | to drink |
| | stecken (wk): | to put | | die | Trommel (–n): | drum |
| | *stehen (e, a, a) (+ *haben* or *sein*) | to stand | | die | Tube (–n): | tube |
| die | Stehlampe (–n): | standard lamp | | die | Tür (–en): | door |
| | stenographieren (wk): | to take down in shorthand | | | Turnen: | P.E., gym |
| die | Stimme (–n): | voice | | | typisch: | typical |
| der | Stock (Stockwerke) } | floor (*im ersten Stock* – on the first floor) | | die | U-Bahn (–en): | tube, underground |
| das | Stockwerk (–e) } | | | | über (+ Acc. or Dat.): | over, above |
| die | Straße (–n): | road, street | | | übermorgen: | the day after tomorrow |
| die | Straßenbahn (–en): | tram | | | übrigens: | by the way, moreover |
| der | Strumpf (¨e): | stocking | | die | Uhr (–en): | clock, watch |
| die | Strumpfhose (–n): | tights | | die | Umgebung (–en): | surrounding countryside |
| das | Stück: | piece | | | *umsteigen (ei, ie, ie): | to change (vehicles) |
| | studieren (wk): | to study | | sich | **um**ziehen (ie, o, o): | to get changed |
| der | Stuhl (¨e): | chair | | | unbedingt: | at all costs, absolutely, without fail |
| die | Stunde (–n): | hour, lesson | | | unbekannt: | unknown |
| der | Stundenplan (¨e): | timetable (school) | | | und: | and |
| | suchen (wk): | to look for | | | unfreundlich: | unfriendly |
| die | Suppe (–n): | soup | | | ungefähr: | approximately, about |
| | süß: | sweet | | | ungeschält: | unpeeled |
| | | | | | unglücklich: | unhappy |
| das | Tablett (–e): | tray | | | unten: | downstairs, at the bottom (*nach unten* – downstairs (movement)) |
| die | Tafel (–n): | blackboard | | | | |
| der | Tag (–e): | day | | | | |
| das | Tal (¨er): | valley | | | unter (Acc. or Dat.): | under, beneath |
| die | Talstation (–en): | boarding stage at bottom of ski-lift | | | unterhalb: | below |
| die | Tankstelle (–n): | filling station | | sich | unterhalten (ä, ie, a): | to chat |
| | tanzen (wk): | to dance | | die | Untertasse (–n): | saucer |
| der | Tankwart (–e): | petrol pump attendant | | | | |
| die | Tasche (–n): | pocket | | die | Vase (–n): | vase |
| die | Taschenuhr (–en): | pocket watch | | der | Vater (¨): | father |
| die | Tasse (–n): | cup | | | verabredet: | arranged |
| das | Taxi (–s): | taxi | | | veranstalten (wk/insep): | to arrange |
| | Technisches Zeichnen: | technical drawing | | | verärgert: | annoyed |
| der | Tee: | tea | | der | Vergleich (–e): | comparison |
| der | Teil (–e): | part | | die | Vergrößerung (–en): | enlargement |
| das | Telefon (–e): | telephone | | | verheiratet: | married |
| das | Telefonbuch (¨er): | telephone directory | | | verkaufen (wk): | to sell |
| | telefonieren (wk): | to telephone | | der | Verkäufer (–): | salesman |
| die | Telefonzelle (–n): | telephone kiosk | | die | Verkäuferin (–nen): | saleslady |
| der | Teller (–): | plate | | | verlassen (ä, ie, a): | to leave |
| der | Teppich (–e): | carpet | | | | |

180

| | | | |
|---|---|---|---|
| | *verpassen* (wk): | to miss (a bus etc.) | |
| | *verschieden*: | different | |
| | *versuchen* (wk): | to try | |
| | *verwandt*: | related | |
| die | *Verwandtschaft* (–en): | relationship | |
| | *verzichten* (wk) (auf + Acc.): | to do without, miss | |
| | *viel*: | much, a lot | |
| | *viele*: | many | |
| | *vielleicht*: | perhaps | |
| | *viereckig*: | square, rectangular | |
| das | *Viertel* (–): | quarter | |
| die | *Viertelstunde* (–n): | a quarter of an hour | |
| die | *Violine* (–n): | violin | |
| die | *Volksschule* (–n): | primary school | |
| | *voll*: | full | |
| | *vollschlank*: | plumpish | |
| | *von* (+ Dat.): | from, of | |
| | *vor* (+ Acc. or Dat.): | in front of | |
| | *im voraus*: | in advance | |
| der | *Vordergrund*: | foreground | |
| | **vor**haben (hat, hatte, gehabt): | to intend | |
| der | *Vorhang* (⸚e): | curtain | |
| der | *Vormittag* (–e): | morning (*am Vormittag* – in the morning) | |
| der | *Vorschlag* (⸚e): | suggestion | |
| die | *Vorspeise* (–n): | first dish, hors d'oeuvre | |
| | *\*wachsen* (ä, u, a): | to grow | |
| der | *Wagen* (–): | car | |
| das | *Wahlfach* (⸚er): | voluntary subject | |
| | *während* (+ Gen.): | during | |
| | *während*: | while | |
| die | *Wand* (⸚e): | wall | |
| der | *Wandschrank* (⸚e): | wall cupboard | |
| | *warm*: | warm | |
| | *warten* (wk) (auf + Acc.): | to wait (for) | |
| | *warum*: | why | |
| | *was*: | what | |
| | *was für*: | what sort of | |
| sich | *waschen* (ä, u, a): | to wash | |
| das | *Waschbecken* (–): | wash basin | |
| der | *Waschlappen* (–): | face flannel | |
| die | *Waschmaschine* (–n): | washing machine | |
| das | *Wasser*: | water | |
| der | *Weg* (–e): | way, path (*sich auf den Weg machen* – to set off) | |
| | *weich*: | soft | |
| | *weil*: | because | |
| der | *Wein* (–e): | wine | |
| die | *Weintraube* (–n): | grape | |
| | *weiß*: | white | |
| | *weit*: | far | |
| | *\*weiterfahren* (ä, u, a): | to drive on | |
| | *welcher/e/es*: | which | |
| | *weniger*: | less, minus | |
| | *wenn*: | when(ever), if | |
| | *wer*: | who | |
| | *werfen* (i, a, o): | to throw, cast | |
| das | *Wetter*: | weather | |
| der | *Whisky*: | whisky | |
| | *wie*: | how, like (*Wie ist es?* – What's it like?) | |
| | *wieviel/e*: | how many (*Um wieviel Uhr?* – at what time?) | |
| auf | *Wiedersehen*: | good-bye | |
| die | *Wiese* (–n): | meadow | |
| | *windig*: | windy | |
| (die) | *Wirtschaftskunde*: | economics (school subject) | |
| | *wischen* (wk): | to dust, wipe | |
| | *wissen* (weiß, wußte, gewußt): | to know (*Ich weiß nicht* – I don't know) | |
| | *wo*: | where | |
| die | *Woche* (–n): | week | |
| der | *Wodka*: | vodka | |
| | *wohin*: | where to | |
| | *wohnen* (wk): | to live | |
| das | *Wohnzimmer* (–): | living room, lounge | |
| die | *Wolke* (–n): | cloud | |
| | *wolkenlos*: | cloudless | |
| | *wollen*: | to want to | |
| die | *Wolljacke* (–n): | cardigan | |
| das | *Wort* (–e/⸚er): | word | |
| | *wünschen* (wk): | to wish | |
| die | *Wurst* (⸚e): | sausage | |
| | *wozu*: | why, for what purpose | |
| der | *Zahn* (⸚e): | tooth | |
| der | *Zahnarzt* (⸚e): | dentist | |
| die | *Zahnbürste* (–n): | toothbrush | |
| die | *Zahnpasta*: | toothpaste | |
| (die) | *Zahnschmerzen* (pl): | toothache | |
| die | *Zahl* (–en): | number | |
| die | *Zeitung* (–en): | newspaper | |
| der | *Zentimeter* (–): | centimetre | |
| der | *Zentner* (–): | hundredweight (50 kilos) | |
| | *ziehen* (ie, o, o): | to pull | |
| die | *Ziehharmonika* (–s): | accordian | |
| | *ziemlich*: | fairly | |
| | *zierlich*: | dainty | |
| die | *Zigarette* (–n): | cigarette | |
| das | *Zimmer* (–): | room | |
| die | *Zimmerbestellung* (–en): | room reservation | |
| das | *Zimmermädchen* (–): | chamber maid | |
| die | *Zitrone* (–n): | lemon | |
| | *zu* (+ Dat.): | to | |
| | **zu**bereiten (wk): | to prepare | |
| der | *Zucker*: | sugar | |
| | *zuerst*: | firstly, first of all | |
| | *zufrieden*: | content, satisfied | |
| der | *Zug* (⸚e): | train | |
| die | *Zunge* (–n): | tongue | |
| | *zusammen*: | together | |
| der | *Zuschlag* (⸚e): | supplement | |
| | *zwar*: | indeed | |
| die | *Zwiebel* (–n): | onion | |
| | *zwischen* (+ Acc. or Dat.): | between | |